JN411002

목요일에 만나는 사람

목요일에 만나는 사람

초판 1쇄 인쇄일 2019년 5월 10일
초판 1쇄 발행일 2019년 5월 17일

지은이 김회직
펴낸이 양옥매
디자인 송다희

펴낸곳 도서출판 책과나무
출판등록 제2012-000376
주소 서울특별시 마포구 방울내로 79 이노빌딩 302호
대표전화 02.372.1537 **팩스** 02.372.1538
이메일 booknamu2007@naver.com
홈페이지 www.booknamu.com
ISBN 979-11-5776-732-8 (03810)

이 도서의 국립중앙도서관 출판예정도서목록(CIP)은
서지정보유통지원시스템 홈페이지(http://seoji.nl.go.kr)와
국가자료종합목록시스템(http://www.nl.go.kr/kolisnet)에서 이용하실 수
있습니다. (CIP제어번호: CIP2019017135)

목요일에 만나는 사람

김회직 수필집

머리말

좀 더 좋은 글, 좋은 그림에 욕심을 내다 보니 발표할 때를 넘기게 되었고 돌아보았을 때는 이미 많은 세월이 흐른 후였다. 그러나 어느 한때라도 글과 그림을 쉬어 본 적이 없다. 지금까지 그래 왔던 것처럼 앞으로도 나 자신을 위한 필생의 수련이라 생각하고 작업을 계속하려 한다.

역량이 좀 부족하면 어떤가? 큰 욕심 부리지 않고 내 안에서 뭔가를 이끌어 내기 위해 끊임없이 애를 써 왔다면 그 진솔한 일상성 하나만으로도 후회 없는 삶이 아니겠는가? 비록 늦은 감이 있으나 오랜 세월 글과 그림으로 보낸 내 모습을 보이기로 했다.

뒤늦게 가진 첫 번째 개인전(예술의전당 한가람미술관)이 남은 인생에 뚜렷한 목표와 과제를 안겨 준 것처럼 또 하나의 분신 〈목요일에 만나는 사람〉은 자칫 약해질지 모를 나의 문학 의지에 뜨거운 불쏘시개가 되어 줄 것으로 믿는다.

세월은 참 빠르다. 그렇게 빨리 흐르는 세월을 바짝 따라잡지는 못할망정 하는 소리마다 한물간 푸념만을 늘어놓은 것 같아서 여간 조심스러운 게 아니다.

어려움 속에서도 묵묵히 뒷바라지를 해 온 아내와 우리 가족, 힘들 때마다 용기와 희망을 일깨워 주신 문우 여러분께 깊은 감사를 표한다. 그리고 좋은 그릇에 부족한 제 글을 담아 주신 도서출판 책과나무의 양옥매 사장님께도 감사 말씀을 드린다.

– 2019년 봄 진등 작업실에서

김회직

차례

● 대둔산 풍경 145.5 X 112.1 캔버스에 유채 1991

1부

어머니

따뜻한 봄날에는 군데군데 할미꽃 피어나고, 여름내 산비탈 꺾어 내려온 비구름으로 무성해진 온갖 잡초들, 햇살 식어 가는 가을 언덕에 하얗게 머리 풀고 서 있는 억새풀 무더기, 깊고 깊은 겨울밤 대숲에서 들려오는 참새 떼 수런거리는 소리….
친정부모 떼어 놓기가 서러워 울며불며 시집가던 모퉁이 길 눈물고개, 아버지의 아버지 또 그 위의 아버지가 나뭇짐 지고 힘겹게 넘나들던 길. 그렇게 오랜 세월 한 맺힌 옛이야기를 간직해 온 고갯길이 아직도 그대로 남아 있다.

어머니

노환으로 몸을 가누기조차 힘든 어느 원로 화가의 개인전이 열리고 있었다. 초기 그림에서 만년의 작품에 이르기까지 그의 작품 세계를 확연히 알아볼 수 있는 전시회가 성황리에 치러지고 있었다. 그러나 정작 당사자인 그 화가는 한마디의 말도 건네는 일 없이 휠체어에 몸을 실은 채 어떤 그림 앞에서 오랫동안 떠날 줄을 몰랐다.

한복을 단정하게 차려입은 젊은 여인의 초상, 꼼꼼한 세밀화 기법으로 그린 그림 속의 여인, 도대체 그 여인이 누구기에 마지막 작별 인사를 나누는 것처럼 그토록 오래오래 바라보고 있는 것일까?

며칠 후 화가는 저세상으로 갔다. 그림 속의 여인은 그의 어머니였다. 어렸을 때 약을 잘못 먹여 장애아가 된 아들을 사람답게 키우려고 온갖 정성을 다 기울인 그의 어머니였던 것이다.

화가는 자신의 죽음을 예견하고 있었는지 모른다. 어쩌면 자신의 일생을 정리하기 위해 전시회를 열었고, 거기에 어머니를 모셔 와 살아생전 애지중시 길러 주신 아들이 이제는 어머니 곁으로 가게 되었다며 평생의 작업들을 한자리에 모아 마지막으로 보여 드린 것이리라. 그리고는 하고많은 그림 다 제쳐 두고 젊었을 적 혼신을 다해 그린 어머니의 초상 앞에서 한없이 깊고 끝없이 높은 어머니의 은혜를 다시 한 번 생각했으리라.

이 세상 어느 어머니가 자식 귀한 줄 모를까마는 내 어머니 역시도 그랬다. 나이 사십에 나를 갖게 된 어머니, 배 속의 아이가 툭툭 발길질을 할 때면 아랫배를 쥐어박으며 또 딸년일 것이 왜 이러느냐며 베틀에 앉아 쉴 새 없이 베만 짰다는 것이다. 그렇듯 구박덩어리였던 아이를 낳고 보니 뜻밖에도 아들이었단다. 기쁨도 잠시뿐 엉덩이가 없을 정도로 작고 허약한 아이임을 알고는 그동안의 구박이 죄스러워 남몰래 눈물도 많이 훔치셨다는 어머니였다.

어머니는 나를 위해 모든 정성을 다하셨다. 그럼에도 불구하고 내게는 크고 작은 병이 끊이질 않았다. 6 · 25전쟁을 겪는 동안 모진 피난살이는 그만두고라도 당시에는 죽을병으로 여기던

장티푸스로부터 어찌어찌해서 살려 놓으니 이번에는 감기며 배앓이, 이앓이, 피부병 등 병이라는 병은 다 달고 살더란다.

여름철, 음식이 상할까 봐 죽 냄비를 빈 두레박에 넣어 깊은 우물 속에 띄워 놓고서 끼니때마다 들어 올리시던 어머니의 근심 어린 얼굴이 눈에 선하다. 이앓이로 대나무 껍질을 종이에 말아서 담배처럼 피우게도 했고, 부스럼 때문에 부엌 아궁이 앞에 쪼그리고 앉아 끓는 밥물을 몸에 바르기도 하고, 밤에는 자꾸 헛것이 보여 귀신을 내쫓아야 병이 나간다며 무당굿을 벌리기도 했다. 그렇듯 허약한 아이가 학교나 제대로 다닐 수 있었으랴.

중학생 아들을 하숙집으로 보내기 위해 십여 리도 넘는 길을 같이 걸어 주시던 어머니, 고등학교 2학년 때던가 4 · 19가 나던 그해 장염으로 병원에 입원했을 때는 며칠 밤이나 머리맡을 떠나지 못하시던 어머니였다. 대학 시절 맹장 수술을 받고 퇴원했을 때는 "도대체 너만 왜 그러느냐"며 목 놓아 우시던 어머니였다.

눈 내리는 겨울밤, 군대에서 야간 보초를 설 때 그제야 비로소 깊고 깊은 어머니의 사랑을 어렴풋이 알게 되었으니 나는 분명 철딱서니 없는 아이임에 틀림없다.

나실 제 괴로움 다 잊으시고
기르실 제 밤낮으로 애쓰는 마음
진자리 마른자리 갈아 뉘시며…

고등학교 때였으리라. 스피커*에서 흘러나오는 그 노래를 따라 불렀더니 내 모습을 물끄러미 바라보시면서 끝내 눈물을 흘리시는 게 아닌가. 힘겹게 키운 아들이 이제는 사람 구실을 하게 생겼구나 하고 생각하셨는지 아니면 노랫말이 고맙고 좋으셨는지 그 후로는 가끔씩 불러 달라시던 어머니였다.

나는 다른 사람들보다 늦은 나이에 군에 입대했다. 입대할 때부터 어머니의 병환은 심상치 않았다. 아무래도 오래 못 사실 것 같다는 아버지의 말씀을 들은 후 마지막으로 어머니께 해 드릴 수 있는 일이 무엇인지를 생각하기 시작했다. 군복을 입은 나로서는 어찌해 볼 도리가 없었지만 깊은 궁리 끝에 생각해 낸 것이 장가를 드는 일이었다. "우리 둘째 며느리는 누가 들어오려나." 하시면서 손을 어루만져 주시던 어머니의 말씀이 생각났기 때문이다.

---

* 스피커: 1960년대 농촌새마을 운동의 일환으로 집집마다 설치한 라디오 대용의 유료 유선 스피커였다.

어머니 생전에 며느리를 보여 드려야 한다는 어떤 사명감에 휩싸여 우여곡절 끝에 일등병의 몸으로 서둘러 결혼했다. 그러나 어머니는 며느리를 알아보지 못하셨다. 치매 증상이 더욱 심해지신 것이다. 결혼식을 치르고 난 지 이십여 일 후 어머니는 저세상으로 가셨다. 서러웠다. 너무나도 서러웠다.

세월은 빨리도 흐른다. 어느 틈에 그렇듯 많은 세월이 지나갔는지 이제는 내가 손주들을 품에 안은 할아버지가 되고 말았으니….

오랫동안 객지로만 떠돌다가 옛날 어머니가 점찍어 주신 집터에 새집 짓고 들어와 거기서 사위도 얻고, 며느리도 들였고, 온 식구들 모두 아무 탈 없이 살아가고 있는 것을 보면 아직도 내겐 어머니의 보살핌이 끝나지 않았는가 싶다.

"어머니, 요즘엔 당신의 증손녀를 키우고 있습니다. 손부가 학교 선생이라 아이를 돌보기 어려워 저희가 키우기로 한 겁니다. 제가 미술대학을 다닌다고 할 때 도대체 뭐가 되려는지 많이 걱정하셨지요? 자식이 선생님 되는 게 어머니 소원이셨는데 아들에 이어 손자며느리까지 선생님 소리를 듣고 있으니 늦게 나마라도 그 소원 푸셨는지 모르겠네요. 이 모두가 어머니, 아버지의 보살핌이라고 굳게 믿고 있습니다. 그 옛날 못다 했던 효도를 자손 잘 건사하는 일로 대신할게요. 이제는 아이들 모두가 서울 사람이 되어 버려서 퇴직 후에는 그쪽으로 생활 터전을 옮기라며 은근히 떠나오기를 권하는데 그래도 될까 모르겠습니다. 아이들 말도 일리는 있는 것 같고, 아무래도 저로서는 판단이 잘 서지 않는데 언젠가 꿈에라도 한 번 오셔서 현명한 판단을 내려 주세요."

아마도 나는 내 인생이 다 하는 날까지 어머니의 보살핌을 받아가며 살아야 하는 만년 철부지 어리광쟁이인지도 모른다.

아내의 눈물

몸이 무겁고 나른한 것이 아무래도 감기 같아서 아내가 먹던 감기약을 한 봉지 꺼내 먹었다. 그로부터 한 이십여 분 지났을까. 온몸이 가렵고 좁쌀처럼 두드러기가 돋아나기 시작하더니 피부가 붉어지면서 숨도 가빠지는 듯했다.

더럭 겁이 나서 병원으로 전화를 걸었다. 하지만 이미 진료 시간이 마감됐는지 통화가 되지 않았다. 약국으로 다시 전화를 걸었다. 약의 종류 중 체질에 맞지 않아 그럴 수도 있으니 크게 걱정하지 말라며 기다려 보라고 했다. 그러나 나아지기는커녕 눈까지 흐릿해 오는 것이었다.

전화벨이 울렸다. 가물가물한 정신으로 겨우 통화를 끝내고는 화장실에 가야겠다며 일어서는 순간 눈앞이 아찔했다.

"여보! 왜 이래요. 왜 이러는 거예요."

아내의 목소리가 가늘게 들려왔다. 짚단처럼 맥없이 쓰러지더라고 했다. 껴안다시피 해서 화장실에 들어섰을 때는 완전히 정신을 잃고 축 늘어져 버리더라고 했다.

"여보! 정신 차려요. 제발 정신 좀 차려 봐요."

아내의 눈물이 따뜻하게 전해 왔다.

우리는 너무도 힘들게 살아왔다. 월급을 받는 날은 곧 빈 봉투를 받는 날이나 마찬가지였다. 연년생 비슷한 고만고만한 아이들의 학비와 생활비를 올려 보내고, 이런저런 공과금 제하고 나면 월급이 바닥을 드러냈기 때문이다.

"이제 또 한 달을 어떻게 버텨야 하나."

허탈감으로 일관될 한 달이 그렇게 시작되는 것이었다. 그러나 아내는 단지 생활비가 부족하다는 것만으로 돈을 빌려 오는 일은 결코 없었다. 대신에 구슬 꿰기나 결혼 폐백닭 같은 일감을 주문받아 생활비를 보탰다. 꼭 필요한 물건일지라도 사고 싶은 생각을 아예 지워 버리는 눈치였다. 부족한 경우에는 상여금을 받는 달 약간의 여유분을 돌려쓰기도 했으나, 학기별로 내는 아이들의 등록금을 비축해 놓고 나면 말이 여유분이지 실제로는 남는 돈이 아니었다.

세 아이들이 돌려 가며 장학금을 타 올 때는 그래도 형편이 좀 나을 것 같아서 내심 좋아하지만 다음 학기에 어떻게 될지 모르니 그것마저 모아 놓아야 한다며 아내는 참으로 냉랭하게 살림을 꾸려 나갔다.

복잡하게 인쇄된 무늬에 잘디잔 구슬 수놓기를 밤낮으로 하다 보니 아내의 건강이 나빠지는 것은 당연했다. 게다가 폐백닭을 주문받아 온 날은 단번에 음식 만들기를 끝내야 맛이 살아있게 된다면서 몇 시간씩 서서 일했다. 그게 무리였던지 아무래도 허리에 이상이 온 모양이었다.

맨소래담이나 파스를 사용하는 날이 잦아졌고, 요대를 두르거나 전기방석찜질도 했다. 시력이 나빠지는 것은 둘째치고라도 밥맛조차 잃어버려 먹는 것도 시원치 않았다.

어느 날 밤, 초저녁인데도 코를 골아 가며 깊은 잠에 빠져 있는 아내를 보았다. 일감을 치우지도 못한 채 곤히 잠을 자고 있었다. 어찌나 미안하고 또 어찌나 속이 상하던지. 뺨을 타고 흐르는 아내의 눈물에서 문득 힘들었던 지난날들이 떠올랐던 것이다. 아내의 끈질긴 근검절약과 삶에 대한 강한 의지가 없었던들 우리 아이들이 어찌 서울에서 대학이나 대학원엘 다닐 수 있었으랴.

달려온 구급차를 돌려보내라는 내 손짓에 아내는 막무가내로 안 된다고 울먹였지만 구급대원이나 둘러선 사람들의 근심 어린 얼굴이 확연하게 보일뿐더러 답답하던 가슴도 한결 시원해지고 있었다.

"여보, 서울 아이들에게는 알리지 않는 게 어때요."

공부하는 아이들이 걱정할 것을 염려해 알리지 말자는 뜻을 내가 왜 모르랴. 아내는 늘 그렇게 살아왔다. 가족을 위해서는 모든 걸 양보하고 이해하는 것만이 자신의 삶이라고 생각하는 사람이었다. 그 나이에 하고 싶은 일, 갖고 싶은 것이 왜 없겠는가. 남들 다 가지고 있는 김치냉장고며 흔한 무스탕코트 하나 없이 살아왔으니 나는 정말 아내에게 할 말이 없다.

어려운 일을 겪을 때마다 당찬 의지로 버텨 온 아내의 눈물이 그래서 더욱더 내 가슴을 아프게 하는지 모른다.

아리랑 고개

오늘도 언덕길이 텅 비어 있다. 어쩌다 흙먼지 날리며 택시가 잠시 들어왔다 나가거나, 볏짚 실은 경운기가 넘어가기도 하지만 하루 종일 비어 있는 날이 더 많다.

친정부모 떼어 놓기가 서러워 울며불며 시집가던 모퉁이 길 눈물고개, 아버지의 아버지 또 그 위의 아버지가 나뭇짐 지고 힘겹게 넘나들던 길. 그렇게 오랜 세월 한 맺힌 옛이야기를 간직해 온 아리랑 고개가 아직도 그대로 남아 있다.

따뜻한 봄날에는 군데군데 할미꽃 피어나고, 여름 내내 산비탈 꺾어 내려온 비구름으로 무성해진 온갖 잡초들, 햇살 식어가는 가을 언덕에 하얗게 머리 풀고 서 있는 억새풀 무더기, 깊고 긴 겨울밤 대숲에서 들려오는 참새 떼 수런거리는 소리. 숱한 세월이 흘렀음에도 옛날의 아리랑 고개로 여태껏 살아 있어 오늘은 아예 그림으로 옮겨 놓기를 작정하고 올라온 터였다.

열댓 가구 남짓한 집들이 산골짜기를 따라 작은 마을을 이루고 띄엄띄엄 꿈꾸듯이 눌러앉아 있다. 1970년대 불길처럼 타올랐던 새마을운동마저 이 동네를 외면했는지, 아니면 세월 속에 묻힌 옛이야기들을 고스란히 전해 주기 위해 일부러 남겨 놓은 것인지 알 수가 없다. 흙냄새 풍기는 울퉁불퉁한 고개를 오르다 보면 마치 세월을 거슬러 온 것 같은 착각에 빠져든다.

오랜 옛날부터 이 고개를 경계로 남쪽은 "아랫말", 북쪽은 "웃말"이라고 불렀다. 아랫말은 제법 큰 밭떼기가 있어서 웃말보다는 사는 형편이 나았지만, 웃말은 산비탈에 화전으로 일군 손등만 한 작은 땅이 고작이라 서너 채의 집이 연명하기도 어려웠다.

어느 해 늦가을이었다. 약간 모자란 듯한 40대 초반의 남자 하나가 늙은 어머니를 앞세우고 찾아들었다. 달랑 이불 보따리 한 개와 보잘것없는 가재도구를 들고 기어드는 목소리로 사람 좀 살게 해 달라고 애걸하는 것이었다. 김 씨라고 했다.

꾀죄죄한 행색에 병색이 짙어 뵈는 김 씨의 어머니가 불쌍해서 비어 있는 고갯마루 외딴집에 살림을 풀게 해 주었다. 말이 초가삼간이지 오랫동안 비어 있어서 지붕이며 방바닥, 벽이나 부엌에 이르기까지 성한 데가 하나 없다. 그러나 그들에게는 그저 황송 감사했다.

당장 그날부터 집집마다 돌아다니며 허드렛일을 도맡아 했다. 말하자면 마을 전체의 머슴이 되어 버린 것이다. 처음에는 품삯도 마다했다. 굶어 죽지 않을 만큼의 끼니만 걱정해 주면 그것으로 고마운 일이라며 부지런히 일을 했다.

틈나는 대로 웃말 뒷산에 올라 삭정이를 한 짐씩 주어다가 쌓아 놓기도 하고, 굴러다니는 돌멩이에 흙을 이겨 붙여 헐어진 벽이나 토방을 고쳐 가며 겨울 채비를 했다. 늙은 어머니도 추수 끝난 밭뙈기를 돌면서 콩알 한 개라도, 반쪽짜리 고구마이삭 하나라도 끌어들였다. 그렇게 힘든 하루하루를 살고 있었지만 남의 물건에는 털끝 하나 손대지 않았다.

착하게 산다는 소문이 이웃 마을에까지 알려져서 이들 모자에게 일을 주었고, 보리쌀이나 된장, 간장 같은 것들을 품삯에 얹어 주어 어찌어찌 겨울을 나는가 싶었다. 그러나 그해 겨울이 끝나 갈 무렵 몰골이 송연했던 늙은 어머니가 숨을 거두고 말았다. 김 씨의 숨죽인 흐느낌이 고갯길에 또 하나의 한을 묻었다. 가뜩이나 말수 적은 그였지만 어머니가 세상을 뜬 뒤로는 더욱더 얼빠진 사람처럼 두문불출했다.

봄기운이 산자락을 녹여 오던 어느 날, 김 씨는 홀연히 고개를 넘어갔다. 십여 일쯤 지났을까, 이번에는 예닐곱 살 된 사내아이와 잔뜩 겁먹어 뵈는 듯한 여자 하나를 데리고 왔다. 아들과 아내라고 했다. 어느 누가 물어도 자기 내력에 대해서는 입을 다물었으므로 식구끼리는 왜 떨어져 살았으며, 어디서 어떻게 살다가 이곳까지 흘러들게 되었는지는 알 길이 없었다.

김 씨의 아내가 벙어리에 간질병까지 앓고 있다는 사실을 알게 된 것은 그해 여름 콩밭에서였다. 그날도 여느 때처럼 날품으로 콩밭을 매고 있었다. 쉴 참에 삶은 고구마라도 먹일까 싶어 밭주인이 콩밭 속에서 일하고 있을 김 씨의 아내를 불렀다. 그러나 대답이 없었다.

크게 흔들리는 콩잎이 이상스러워 달려가 보니 몸을 잔뜩 구부린 채 심한 발작을 일으키고 있었다. 급한 마음에 사람들을 불러 모으려는데 치마꼬리를 붙잡고는 제발 알리지 말라는 듯이 "아으 아으…" 해 가며 애타게 울부짖는 것이었다. 그로부터 십여 년, 가끔씩 발작은 해 왔으나 동네 사람들이 쉬쉬하며 덮어 주어 별 탈 없이 딸 하나를 더 낳아 키웠다.

대숲에 싸늘한 바람이 불어오던 어느 해 겨울밤이었다. 윗말에 초상이 나서 사람들이 동네를 비운 사이 이 외딴집에 일이 터졌다. 그때 김 씨는 막걸리 몇 잔 얻어먹고 싸 주는 음식 보퉁이를 옆에 끼고는 부리나케 집으로 오던 중이었다.

가슴이 철렁 내려앉았다. 분명 자기 집 부엌 쪽에서부터 불길이 번져 가고 있었기 때문이다. “불이야!” 소리를 외치면서 허겁지겁 달려왔을 때는 벌써 집 전체가 불길에 휩싸인 뒤였다.

이미 움직일 수 없는 사람이 되어 버린 김 씨의 아내가 타다 남은 삭정이를 움켜쥔 채 눈을 감고 있었다. 부엌문 밖으로 팽개쳐진 대여섯 살짜리 딸아이의 기진한 울음소리만 처절했다. 자신의 모진 팔자를 한탄하면서 제 살길 찾아 멀리 떠나간 아들 이름을 떠듬거리듯 외우다가 어미 품이라고 파고드는 어린 딸을 살려 놓은 채 스스로의 목숨을 마감했던 것이다.

어디로 간다는 말도 없이 아이를 등에 업고 김 씨마저 휘적휘적 고개를 넘어갔다. 그리고 몇 해가 지난 후 겨울에만 가끔씩 어떤 젊은이 혼자 웃말 뒷산에 올랐다가 소리 없이 가 버린다고 했다.

내가 선택한 이곳, 고즈넉한 침묵이 마음에 들어 그리기 시작한 아리랑 고개에 이렇듯 슬픈 사연이 담겨 있을 줄이야…. 동네 노인으로부터 고개에 얽힌 이야기를 듣고 난 뒤 내 그림은 청색 계열에서 갈색 계열로 중심색이 조금씩 변해 가고 있었다.

금연 백 일

담배를 끊겠다고 작심한 사람은 누구나 다 금단 현상을 걱정한다. 대부분의 사람들이 그때를 견디지 못하고 포기한다는데 그렇듯 힘든 일을 해낼 수 있을지 모르겠다.

작심삼일이 지났다. 제일 어려운 고비를 넘겼다고 했다. 첫 이레가 지나고 마침내 삼칠일까지 견뎌 냈다. 이제는 성공 가능성이 보인다고 했다. 여기까지 왔는데 이 고비를 넘기지 못하고 원래대로 되돌아간다면 두고두고 후회할 것이라고 했다.

마당에서 담배를 피우고 들어온 그날, 어린 손녀딸이 품에 안기자마자 곧바로 고개를 홱 돌리지 않았던들 작심사흘은커녕 작심하루도 채우지 못했을 것이다. 그리고 금연 백 일이라는 엄청난 사건이 내게 일어날 수도 없었을 것이다. 그러고 보면 그때 손녀딸이 보여 준 솔직한 거부와 초롱초롱한 눈빛은 절대 금연이라는 확실한 충고였으며 약해지려는 내 의지를 추슬러 주는 강렬한 응원이고 채찍인 셈이었다.

담배 생각이 날 때마다 손녀딸을 떠올렸다. 그리고는 껌을 씹고, 물을 마시고, 군것질을 했다. 몸무게가 5㎏이나 늘었지만 그게 문제가 아니었다. 흡연 욕구보다 더 복잡한 금단 현상이 시작되었기 때문이다.

아내의 말에 의하면 화를 내는 횟수가 전보다 훨씬 늘었다는 것이다. 그래서 그런지 혼자 생각해 봐도 신경이 많이 예민해진 것 같다. 대수롭지 않은 말에도 고까워하고 침착하게 따지기보다는 큰 소리부터 먼저 나온다니 참으로 걱정이 아닐 수 없다. 가뜩이나 급한 성격인데 이러다가 더 큰 오해를 받지 않을까 두려움이 앞서기도 한다.

그림을 그리다가도, 마당에서 땀 흘려 일할 때에도, 음식을 먹고 난 후에도 문득문득 담배 생각이 간절했다. 그때 피우는 담배는 흡연이 아니라 온전한 휴식이며 다음 일을 위한 정신적 준비라고 생각했다. 그러나 금연과 흡연의 차이는 그렇게 간단한 문제가 아니었다. 배고프면 찾아 먹고 배부르면 무관심해지는 그런 선택 사항이 아니라 피하면 피할수록 더욱더 절실해지는 것이 흡연 욕구였다.

금연을 시작한 뒤로 아직까지 그림 한 점 그리지 못했다. 작업 도중 혹시라도 있을지 모를 흡연 욕구에 신경이 쓰여 붓을 쥐기는커녕 그냥 맥없이 앉아 있다가 작업실을 나와 버리곤 했다.

금연 때문에 생긴 욕구 불만으로 그림마저 그릴 수 없게 된다면 어찌할 것이냐고 아내에게 물었더니, 그럴 정도라면 차라리 흡연으로 다시 돌아가라고 했다. 주변 사람 힘들게 하는 것은 그렇다 쳐도 정작 자기 일을 할 수 없다면 도대체 금연의 의미가 무엇이냐고 되묻는 것이었다. 어떻게 시작된 금연인데 이제 와서 작파하겠는가? 아무리 어렵고 힘들더라도 담배 생각이 말끔히 사라질 때까지 모든 작업을 보류할 수밖에 없다.

흡연으로 건강을 해친다는 내용이 연일 텔레비전 뉴스를 탔다. 그럴 때마다 나는 바보 같은 질문을 스스로에게 던져 보곤 했다. 막대한 연구비를 투자해 가며 신약 개발에 박차를 가하는 회사가 많은데 그중에는 건강에 이로운 담배를 개발하는 회사도 있어야 하지 않겠는가? 산성 토양에 퇴비를 사용하면 알칼리성 토양으로 변해서 좋은 흙이 되는 것처럼 담배도 어떤 특수 성분을 혼합하여 사람 몸에 이롭거나 아니면 최소한 인체에 무해 무익한 담배를 만들어 내면 되지 않겠는가?

만약 그렇게만 된다면 애연가는 애연가대로 건강을 걱정할 필요가 없어서 좋고, 담배 제조 회사는 많은 이익을 남겨서 좋고, 국가는 또 국가대로 세금을 많이 거둬들여서 좋고, 거둬들인 세금으로 더 많은 공익사업을 벌여서 좋고…. 꿩 먹고 알 먹고, 누이 좋고 매부 좋은 일이 엄청나게 불어날 텐데 왜 몸에 유익한 담배는 개발이 안 되는지 정말로 모를 일이었다.

기어이 금연을 실현하겠다고 선언한 이상 다른 이유로 토를 달 생각은 추호도 없다. 다만 창조주께서 니코틴이 함유된 담배를 창조하셨다면, 그래서 인체에 해로움을 주는 기호품으로 통용되었다면 인간이 알지 못하는 어딘가에 그 해로움을 풀 수 있는 해답 또한 숨어 있으리라는 생각에서 잠시 그런 희망을 떠올린 것뿐이다. 오늘은 기어코 작업을 해야겠다. 허송세월이 벌써 석 달 열흘째라니 참으로 기가 찰 노릇이 아닌가?

침묵의 소리

나지막한 산자락 끝을 디귿자로 막아 놓은 자그마한 저수지, 몇 안 되는 낚시꾼이 나무 그늘 속에서 한가롭게 낚싯대를 펼쳐 놓고 있다. 침묵뿐인 저수지에 습기 찬 바람이 한차례 스치고 지나가자 수문 쪽으로부터 잔물결이 일기 시작했다.

산 냄새 묻어오는 산바람 소리, 살랑거리는 나뭇잎 소리, 자드락자드락 물결 일렁이는 소리, 은빛으로 흔들리는 물비늘 소리, 잠깐씩 떠올랐다 가라앉는 물고기 소리, 낚싯대 휘어지는 소리, 색동 찌 가볍게 치솟는 투명한 소리, 동심원으로 번져 나가는 물주름 소리, 산봉우리에서 한 자락씩 떨어져 나가는 조각구름 소리.

눈에 비치는 풍경은 모두 작은 소리를 냈다. 그리고 그 소리는 나 혼자서만 들을 수 있고 느낄 수 있게 전혀 다른 의미가 되어 가슴 깊숙이 파고들었다.

일렁이는 물결 위에서 가물가물 휩쓸리는 색동 찌를 유심히 바라다보면 어디선가 작은 소리들이 속삭이듯 들려왔다. 아득히 먼 그 소리는 여태껏 살아온 날들을 한 꺼풀씩 풀어놓기도 하고, 다가오는 시간들을 한 매듭씩 묶어 주기도 했다. 그렇게 어쩌다 찾아오는 저수지낚시터는 물고기를 낚는 곳이 아니라 침잠해 들어오는 작은 소리들을 하나씩 건져 올리는 상념의 장소였다.

아무리 입질 좋기로 소문난 곳이라 해도 내게 필요한 침묵을 느끼지 못하면 낚싯대를 펼치고 싶은 생각이 없었다. 단 몇 시간만이라도 침묵이 있는 자리라야만 원하는 소리를 들을 수 있기 때문이다.

수로낚시든, 수초낚시든 낚시 포인트가 꼭 있기 마련이다. 그럴 만한 곳을 찾을 수 없다거나 처음부터 입질이 없는 곳이라면 물고기가 몰려오도록 밑밥을 듬뿍 던져 주어야 하는데 그래도 감감무소식일 때는 아예 장소를 옮기는 수밖에 없다. 그게 낚시꾼이 취해야 할 기본적인 상식이다. 그런데도 나는 그러지를 못했다. 수로에서는 시야의 폭이 좁아 가슴이 답답했고, 수초가 있는 곳에서는 거치적거리는 게 싫어서 낚싯대를 담글 기분이 나지 않았다. 낚시 경력 삼십여 년에 월척 한번 못해 본 것이 바로 그런 이유 때문인지 모르겠으나 아무튼 시원하게 탁 트인 저수지가 아니면 뭔가 찜찜한 느낌이 들어 차분히 앉아 있지를 못했다.

들릴락 말락 멀리서 들려오는 아이 울음소리, 강아지 깽깽거리는 소리, 홑이불 먼지 터는 소리, 토담집 아궁이에 솔가지 타는 소리, 수초 위로 마른 솔잎 떨어지는 소리, 송사리 떼 몰려다니는 소리, 건너편 산자락으로 까치 날아오르는 소리, 가끔씩 "쩌렁" 하는 저수지 울음소리, 작은 돌 틈으로 물 새어 나가는 소리, 낚싯줄 팽팽해지는 소리, 이름 모를 텃새 울음소리, 길게 낮닭 우는 소리, 빨래 두드리는 소리….

산자락 끝에 옹기종기 매달려 있는 작은 산동네로부터 숱하게 많은 소리들이 바람을 타고 날아들었다. 그렇게 들려오는 소리는 소리마다 파장이 다 달랐다. 어느 것은 둔탁하고, 또 어느 것은 청명하고 예리했다. 음색이 다르고 모양이 다른 정겨운 소리들이 그렇게 가물가물 들려오기 시작하면 그 소리만으로도 마음이 착 가라앉는 것이었다.

내가 찾는 낚시터는 그래서 소리가 있어야 한다. 소리는 소리이되 침묵과 함께하는 소리, 마음이 차분해지는 소리들이 있어야 한다. 욕심을 부린다면 막 시작한 그림의 전체 구상까지 매듭지을 수 있는 곳, 그런 곳이 바로 내가 찾는 낚시터라고 해야 할 것이다. 그래야만 잠시라도 나를 완벽하게 풀어놓을 수 있기 때문이다.

춤추는 갈매기

짙푸른 물결 위로 갈매기 떼가 어지럽게 날고 있다. 어찌나 빠른지 시선이 따라잡을 수가 없다.

사정없이 몰아치는 눈보라 같기도 하고, 화사한 벚꽃이 무더기로 떨어져 내리는 것 같기도 하다. 하늘 높이 솟구치다가 순식간에 몸을 틀어 방향을 바꾸거나 날개를 활짝 편 채 떠 있다가도 거의 수직에 가깝도록 급강하를 서슴지 않는다. 그럴 때는 내 마음도 함께 떨어지면서 온몸이 짜릿하도록 가슴이 덜컥덜컥 내려앉는다.

재빠르기 이를 데 없는 공중 난무 속에서 어떻게 서로의 갈 길을 열어 주고 피해 가는지 그들만이 주고받는 어떤 신호 체계라도 있다는 말인가? 갈매기들이 벌이는 힘찬 춤사위 한마당에

넋이 빠져 있던 나는 불현듯 이 엄청난 율동을 그림으로 옮기고 싶었다.

끝없이 뻗어 나간 짙푸른 바다, 거칠게 달려드는 사나운 물결, 그리고 암벽에 부딪치는 순간 유리 조각처럼 산산이 부서져 나가는 하얀 물보라, 거기에 갈매기 떼의 현란한 율동이며 울부짖는 소리.

하지만 어쩌랴. 저토록 엄청난 순간을 어떻게 그림으로 표현한단 말인가. 도대체 어디서부터 어떻게 시작해야 할지 갈피를 잡을 수가 없다. 생생하게 살아 있는 엄청난 소용돌이를 캔버스 위에 그려 낸다는 것이 과연 가당키나 한 일인가? 이토록 호쾌하고 통렬한 장관을 기껏 갈매기의 날갯짓이나 그려 내는 붓재주에 맡겨 버릴 수는 없지 않은가?

이제 더 이상 망설일 수가 없다. 난무하는 갈매기 떼의 생생한 움직임이 멀어져 가기 전에 그들의 힘찬 율동을 그려 내야 한다. 기막히도록 장엄한 이 순간을 머뭇거리다가 놓치기라도 하면 그 또한 두고두고 후회할 일이 될 테니까.

암청색의 거친 붓질, 그 위에 갈매기의 유연한 몸동작을 흰색 물감의 나이프로 크로키 하듯 빠르게 그려 나갔다. 갈매기의 사실성을 집요하게 파고드는 것이 목적이 아니므로 세세한 명암이나 거리감 표현에 시간을 허비해서는 안 된다.

흰색 점을 가볍게 훑어 내렸다. 그것으로 떨어져 내리는 갈매기의 빠른 속도를 대신했다. 시야에 근접해 있는 갈매기는 날개 방향의 특징이나 몸통 부분의 운동감을 최대한 살려 신속하게 그렸다. 붓의 속도가 느리면 자칫 섬세한 표현이 되기 쉽고 느낌마저 느슨해져서 결국은 화폭 전체가 무력감으로 채워질 것이기 때문이다.

색깔을 덧칠하고 긁어내기를 반복하면서 갈매기의 몸짓을 수정하는 작업이 빠르게 진행되었다. 출렁거리는 물결이나 파도는 과감하게 생략했다. 생생하게 살아 있는 화면을 위해 오직 갈매기의 현란한 움직임에만 집중했다. 얼마 동안을 어떻게 그렸는지 짙푸른 바다가 화면 같고, 화면이 바다 같은 착각에 빠져들었다. 갈매기가 화면 위에 날고 있는지, 바다 위에 날고 있는지 자꾸만 헷갈렸다.

바람 부는 날, 물결이 잘게 일렁이는 저수지에서 낚시를 하다 보면 가느다란 찌 끝에 온통 시선이 집중된다. 한참을 그렇게 노려보고 있으면 물결은 제자리에 멈춰 있고 대신 낚시찌만 빠르게 내달리는 착각에 휩싸일 때가 있다. 움직이는 실체의 속도에 따라 눈길도 같이 따라 움직인 탓일까? 아니면 속도감 표현에 온갖 정신을 쏟은 때문일까? 낚시터에서와 같은 착시 현상에 머리를 세차게 흔들어 보기도 했다.

한바탕 신나게 공중묘기를 보이던 갈매기가 일직선으로 날아 사뿐히 내려앉는 곳을 눈으로 따라가 보면 거기에는 어김없이 갈매기의 식구들이 기다리고 있다. 잘 놀고 왔다는 인사를 나누기라도 하듯 목덜미를 비비대거나 하얀 날개로 감싸 주는 것이다. 수없이 많은 갈매기들 속에서 제 식구를 한눈에 알아보고 급하게 내려앉는 지혜가 참으로 놀랍다.

만물 중의 영장이라는 인간에 비해 어디 하나 뒤질 게 없는 가족애를 확인하면서 양보심 많고 규칙 잘 지키는, 그러면서도 서로를 보호해 주는 갈매기의 세계가 너무도 아름답다는 것을 알 수 있었다.

어쩌다 먹이를 놓고 옥신각신하는 경우가 있으나 다투는 시간은 극히 짧아서 바로 옆에 있는 다른 갈매기조차 까맣게 모를 지경이다. 아마도 어느 쪽에선가 크게 양보했음이 틀림없다.

이제 오늘의 이 작업을 정리할 때가 된 것 같다. 비록 소재는 갈매기였으나 난무하는 율동이 만들어 낸 '속도'가 주제였다. 처음에 느꼈던 크나큰 감동을 잃지 않으려고 얼마나 부지런을 떨었는가? 그렇게 애를 쓴 나 자신에게 고마움을 표하지 않을 수 없다. 작품의 성공 여부를 떠나서.

떠나야 할 시간

이천사 년 이월 십이 일 오전 열 시. 학생, 교직원, 내빈, 졸업생 등 오백여 명이 참석한 퇴임식은 그 어느 행사보다도 간소하고 숙연했다. "김회직 교감선생님 명예퇴임"이라는 플래카드가 체육관의 정면 상단에 걸려 있고 단상 왼쪽으로는 퇴임 당사자인 나와 내 아내의 자리가 마련되어 있었다.

이윽고 국민의례가 시작되었다. 공직자로서는 마지막 의식이라는 생각이 들자 가슴이 찡했다. 간단한 약력 소개가 있은 다음 학생과 동료 선생님으로부터 화사한 꽃다발을 받았다. 감사패와 기념품도 받았다.

학교장 인사가 끝나자 이번에는 내빈 대표로 노 선배이신 논산문인협회 김영배 회장님의 축사가 이어졌다. 죄송스럽기도 하고 고맙기도 했다. 이제는 내 차례다. 준비해 온 퇴임사를 읽어 나가기 시작했다.

"저는 가끔씩 '시간'이라는 것을 생각할 때가 있습니다. 보이지도 않고 들리지도 않는데 어느 누구든지 그것을 기다리거나 그것에 쫓기며 살아갑니다. 해가 지고 계절이 바뀌고 그렇게 한세월 훌쩍 지나가 버리는 시간의 흐름 속에 어쩌면 그토록 많은 애환이 계속해서 일어나는지 알 수가 없습니다.

저는 강원도 춘천에서 처음 교단에 섰습니다. 두 해를 보낸 후 고향 가까이 살고 싶어 이곳으로 전근해 왔습니다. 그렇게 이어 온 교직 생활이 어느덧 삼십여 년이라는 긴 세월을 넘기게 되었습니다. 그러나 웬일인지 저로서는 그 시간들이 한순간처럼 생각될 뿐입니다. 그러고 보면 삼십 년 세월이나, 눈 깜짝할 사이에 스쳐 간 지극히 짧은 시간이나 다 거기서 거기 아닌가 하는 생각이 듭니다.

어느 책에선가 이런 글을 읽은 듯합니다. '새로운 길을 가고자 한다면 판단은 신중하되 그 결심은 빠르고 확실할수록 좋다. 그리고 문을 나서는 순간 지난 시간들은 말끔히 잊어버려야 한다. 그래야만 불타오르는 또 다른 의욕의 문 앞에 당당히 설 수가 있다.'

언젠가는 비워 주어야 할 이 자리, 떠나갈 때를 결정해 놓고 미리부터 준비는 해 왔으나 아직도 부족한 점이 한두 군데가 아닙니다. 그러나 어쩌겠습니까? 새로운 시작을 위해서는 부족하면 부족한 대로 그냥 일어서야 하지 않겠습니까?

흰 머리칼이 되도록 저를 이끌어 준 삼십여 년의 교직 생활, 막상 떠나려 하니 헤어짐의 아픔이 가슴을 사무치게 합니다. 이제껏 있어 왔던 모든 일들은 아련한 추억 속에 접어놓아야 합니다. 즐거웠거나 힘들었던 일들을 일일이 구분하지 않겠습니다. 제가 함께했던 시간들은 모두 제 것이었으므로 고우나 미우나 가슴속 깊이 간직하고 떠날 것입니다. 그동안 정말 고마웠습니다. 배움을 같이했던 많은 학생들과 그리고 동료 선생님, 학부모님, 제게는 다 귀하고 아름다운 추억입니다."

더 이상 계속할 수가 없었다. 눈물이 앞을 가려 글씨도 보이지 않았지만 목이 메어서 그다음부터는 도저히 읽어 내려갈 수가 없었다. 내 자리로 돌아가 앉았다. 아내가 손을 꼭 잡아 주었다. 못다 읽은 나머지 부분은 마음속으로 읽었다.

'이 자리를 떠나 그 어느 곳에 가 있든 결코 잊지 못할 것입니다. 지금까지 못했던 일 하나하나 짚어 가며 앞으로의 인생을

후회 없이 살도록 노력할 것입니다. 부디 안녕히 계십시오. 감사합니다.'

스승의 노래가 한 번 더 가슴을 울렸다. 삼십이 년 사 개월의 교직 생활을 마감하는 순간이었다. 내 젊음을 고스란히 맡겨 놓았던 교실과 운동장, 그리고 내게 주어진 모든 일상 업무가 한꺼번에 끝나 가고 있었다.

학생들이 길을 열어 주었다. 그 한가운데로 아내와 나는 답례를 해 가며 천천히 걸어 나왔다. 손을 흔드는 학생들의 모습이 흐릿하게 보였다. 문득 퇴임식을 꼭 보게 해 달라던 자식들이 생각났다. 큰아들 내외와 작은아들 내외, 그리고 딸과 사위 김서방의 얼굴도 떠올랐다. 손주들이 와락 달려드는 듯했다. 잠시도 지체할 수 없다는 생각이 들었다.

"그렇구나. 모든 게 다 끝났구나! 이제는 내 식구들이 기다리는 곳으로 달려가는 일만 남았구나. 그래 가야지, 어서 가야지…."

서울로 가는 천안-논산 간 고속도로가 오늘은 유난히도 한가로웠다. 학교 교문을 빠져나올 때 한 걸음 내딛으며 손을 흔들어 주던 김 선생님과 권 선생님의 얼굴이 차창 밖으로 멀리 떠올랐다. 올해 8월이면 그분들도 퇴임을 하게 된다.

습윤유채(濕潤油彩)

수묵화의 매력을 한지에 스며드는 먹물 번짐에서 찾을 수 있다면 유화의 매력은 덧칠해지는 색깔의 궤적과 거침없는 붓 자국에 있다고 할 것이다. 담묵 한가운데로 촉촉이 스며드는 농묵, 서서히 진행되는 그 침윤 침습의 변화가 진정한 정중동(靜中動)의 기본이 아닐는지.

휘어질지언정 결코 끊기거나 꺾일 수 없는 세련된 선, 살며시 배어드는 침윤색조, 그것으로 만들어지는 은근한 여백, 그리고 화폭전체를 한 붓에 내려 긋는 질풍노도 같은 우악스런 침습이 바로 수묵화다. 다시 말하면 번짐이라는 침윤 작용이 곧 수묵화인 셈이다.

“습윤유채”는 사전에 없는 말이다. 내가 필요해서 습윤과 유채를 한데 묶어 놓았기 때문이다. 유채화에서는 물감을 기름에 풀어 쓰므로 습윤이란 말이 적절치 않다. 습기를 띠고 있음이 곧 습윤인데 수성과 유성이 혼용된 습윤유채가 어찌 성립된다고 할 수 있겠는가?

그림을 그려 온 지 사십여 년, 탐구해 온 햇수로 보나 살아온 나이로 보나 이제는 그 방면에 일가를 이룰 법도 한데 나는 아직도 그러지를 못했다.

교직에 몸담고 있으면서 자식들 키워 시집장가 보내 제 살길 마련해 주고, 나이 들어 퇴직했으니 그만하면 성공한 인생이지 거기서 무슨 욕심을 더 바라느냐고 했다. 아닌 게 아니라 그런 핀잔이 생판 틀린 말은 아닌 듯해서 매년 대여섯 번 정도의 단체전이나 동호인그룹전에 출품하는 것으로 마음을 달래곤 했다. 아무리 되짚어 생각해 봐도 거기까지가 내 능력이고 한계라는 생각이 들었다.

각설하고 습윤유채로 다시 돌아가야겠다. 내가 그려 온 것은 수묵화가 아니라 유화다. 한지와 수묵 대신 캔버스와 유채물감을 다루는 서양식 그림인 것이다.

유화에서는 침윤의 효과를 기대하는 일이 많지 않다. 덧칠이 계속 반복되므로 그런 효과가 제대로 표현될 수도 없을뿐더러, 다양한 색 대비를 꾀하다 보면 중첩되는 색깔로 하여 침윤보다는 거칠고 메마른 질감 표현이 되기 쉽다.

수묵화 같은 유화가 과연 가능한 일일까? 불현듯 그 같은 의문에 사로잡히기 시작했다. 기왕에 떠올린 의문이니 실현해 보기로 작성하고 실험 습작에 들어갔다. 그로부터 꼭 4년이 지났다. 그리고는 작년 연말 아직도 어설픈 티를 벗지 못한 실험작 〈겨울 야산〉을 그룹전에 선보였다. 반응은 의외로 기대 이상이었다. 수묵화 같은 유화 기법의 습윤유채가 비로소 작은 성공을 거둔 셈이다.

고민에 고민을 거듭해 온 시행착오들이 뭔가 제자리를 잡아가고 있다는 생각이 들었다. 이제 남은 것은 그런 실험들을 정리하면서 나만의 틀로 정립시키는 일이다.

습윤유채에서 가장 중요한 것은 캔버스에 바탕색을 깔아 주는 작업이다. 먼저 주조색을 설정해 놓고 단계별로 색을 입히는 일인데, 색깔이 건조되는 상황을 보아 가며 작업이 진척된다. 그래야만 색이 소멸되지 않고 살아난다. 색깔의 농도는 물감과 기름의 혼합 비율로 조절하고 용해제는 비교적 건조 속도가 빠른 것이 작업에 용이하다. 그런 과정을 적어도 일고여덟 번쯤은 거쳐야 질감의 깊이가 느껴지는 것이다.

기본 작업을 거치는 동안 본 작업에서 이루어질 작품 구상이 여러 번 검증되므로 이후부터는 그 구상을 차분히 진척시키기만 하면 된다. 진행이 순조로울 때는 기본 작업보다 오히려 본 작업에서 더 적은 시일이 소요되는 경우도 많다.

눈 덮인 야산과, 산자락 군데군데 남아 있는 잔설이 주로 내 그림의 소재가 되지만 가끔씩은 정물을 소재로 하여 탐구 밀도를 높이기도 한다. 소재야 어떻든 기본 작업을 통해 다양한 유채색이 캔버스에 이미 올려 있으니 습윤유채의 본 작업에서는 무채색 중심의 작업이 될 수밖에 없다. 그러므로 용해제 사용에 특별한 관심과 세심한 주의가 필요하다.

바탕색이 드러나 보일 정도의 담색으로 시작된 흰색이 마침내 하얀 농색으로 덧칠해지면서 모든 작업이 완료되면 평면적인 여백은 물론이고 색채 원근의 원리가 적용된 투시 공간까지 살아나고 있음을 볼 수 있다.

수묵화로 이어져 내려온 우리의 전통성을 서양식 그림인 유화에 접목시키려는 내 나름의 노력이 결실을 맺게 될는지 아직은 불확실하다. 다만 기왕에 여기까지 왔으니 "습윤유채"를 화두로 한 탐구 작업에 남은 인생을 걸어 보겠다는 각오를 새롭게 다지고 싶을 뿐이다.

대둔산 풍경

산바람

● 설산　　90.9 X 72.7 캔버스에 유채 2005

2부

산의 침묵
그 억겁의 세월

물감의 농도를 조절해 가며 긁고 덧칠하는 작업을 반복했다. 그때 언뜻 겨울 산이 머리를 스쳤다. 잡목 사이로 내려 쌓인 눈, 겉으로 보기에는 단조로운 것 같아도 깊이 들여다보면 다양한 색깔들이 겹쳐 있는 산, 무겁고 웅장한 자태보다는 바로 눈앞에 드러나는 얽히고설킨 산이 머릿속에 들어왔다. 긁히고 긁히지 않은 색점들이 어우러지면서 잔설과 잡목들로 뒤엉킨 산자락이 화폭 위에 살아나는 것이었다.

동네 사람들 TV에 나오던 날

며칠 전 이른 아침이었다. 모 방송국이라며 이런저런 일로 하여 오늘 오전 시간대에 취재 녹화를 나가려는데 시간이 어떠냐는 것이었다. 얼떨결에 알겠다고 대답은 했지만 곰곰 생각할수록 그렇듯 쉽게 대답할 일이 아니었다. 아무래도 안 되겠다 싶어 휴대폰에 찍힌 방송국 전화번호를 막 확인하려는 참인데 다시 전화벨이 울렸다.

조금 전에 들었던 그 목소리였다. 오늘이 아니고 다음 주 화요일인데 잘못 말씀드려 죄송하다면서 화요일 오전 10시라는 것을 한 번 더 강조하는 것이었다. 그렇잖아도 자세한 내막을 몰라 궁금했던 터라 미심쩍은 것 몇 가지를 물어보았다.

고향에 남아 고향을 지키면서 꾸준히 자기 세계를 열어 가는 향토예술인 탐방 프로그램이란다. 지역 문화원에 섭외 의뢰를 했더니 다섯 사람을 소개받았는데 자체 심사를 거쳐 그중 한 사람을 택했다는 것이다. 마을 이장과 동네 어른 몇 분이 참석해 주시면 더욱 좋고 인터뷰는 부담스럽지 않을 만큼 쉬운 내용이 될 것이니 특별히 준비할 일은 없을 것이라고 했다.

취재를 다반사로 하는 방송기자야 별것 아닐는지 모르지만 내 입장으로서는 그렇지가 못하다. 오래전 라디오 대담에서 돌려 가며 마이크를 잡았을 때도 그랬고, 언젠가 대청댐 부근에서 야외스케치를 하던 중 카메라를 앞에 두고 기자 질문에 몇 마디 대답하는 데도 진땀을 빼지 않았던가? 이번에는 자연스런 동작까지 연출하면서 질문에 응해야 하니 그때와는 비교할 수 없을 정도로 역할이 막중해진 것이다.

"동민 여러분께 알려 드립니다. 오늘 열 시쯤 우리 동네 김 선생님 댁에 텔레비전 촬영이 있다 하오니 많이들 구경 오시기 바랍니다. 다시 한 번 알려 드립니다. 오늘 열 시쯤…."

촬영 시간이 가까워 오자 마을이 생긴 이래 처음 있는 일이라며 동네 사람들이 하나둘 몰려오기 시작했다.

"돼지는 못 잡더라도 쑥버무리나 국수 한 그릇은 있어야 되는 게 아녀 시방?"

분위기를 띄우려는지 귀에 익은 우스갯소리도 들려왔다. 아닌 게 아니라 구경 온 사람을 그냥 보낼 수 없어 아내와 상의한 끝에 떡 방앗간에서 쑥절편을 맞춰 왔고 동네 비닐하우스에서 사 온 딸기 댓 상자와 사이다, 콜라 같은 음료수를 준비해 놓았으니 조촐하지만 그것으로 예를 치르기로 했다.

화실 벽에 걸려 있는 그림들과 작업 장면을 먼저 촬영한 다음 인터뷰에 들어갔다. 그림을 시작하게 된 동기며 추구하는 작품 세계, 그리고 작품 활동의 범위와 앞으로의 계획 등에 관해 생각나는 대로 두서없이 편하게 대답했다. 수필 쓰는 장면은 컴퓨터 앞에 앉아 자판을 두드리는 것으로 대신했다.

이제는 동네 사람들 차례다. 동네마다 다 그렇듯이 우리 동네 또한 육칠십 대가 대부분이어서 마을 이장님만 육십을 갓 넘겼지, 거실에 둘러앉은 구경꾼들은 모두 칠팔십 대 노인들이다.

한마을에서 오랜 세월 무관하게 살아온 사람들끼리는 입담이 서글서글하고 때로는 윽박지르듯 사납기까지 하다. 가끔씩 욕설 비슷한 말이 튀어나오는 것도 바로 그 때문인데 그렇다고 해서 서로를 오해한다거나 서운해 하는 일이 없다. 큰 소리 한 번으로 웃어넘기면 그만이었다.

마을 이장이 한마디 했다. 동네 사람들도 한마디씩 했다. 고향을 위해 한 일이 무에 있다고 모두들 내게 칭찬만 하는지 그저 미안하고 송구할 따름이었다.

"테레비에 나온다구 혀서 뭐라도 찍어 발르구 나왔넌디 워째 찍다가 마능겨?"

뒤늦게 구경 온 은행나무집 할머니의 구성진 목소리가 한바당 웃음을 자아냈다.

실외 촬영은 잔디밭과 화단을 배경으로 하겠다며 카메라를 마당으로 옮겼지만 잔디는 이제야 새순이 막 올라오고 있는 중이어서 마른 잎뿐이고 꽃이라고는 수선화와 앵두꽃, 수수하기 이를 데 없는 할미꽃이 고작이다. 아무래도 이달 중순쯤이나 돼야 튤립이며 꽃잔디, 금낭화, 히아신스, 무스카리, 라일락 등 봄꽃이 활짝 피면서 어우러질 텐데 아직은 카메라에 담을 만한 꽃이 없어 썰렁한 느낌이 들었다.

아내와 함께 꽃밭을 돌아보며 이야기를 나누는 장면을 찍은 후 이번에는 들녘 건너 멀리 보이는 마산산과 양지리, 소룡리를 끌어안고 길게 이어지는 산자락들을 찍었다. 고향에 있는 산을 바라보면서 산 그림을 구상한다는 것으로 오늘의 주제인 〈고향의 산을 화폭에〉라는 탐방 취재를 마무리하려는 의도였다.

"수고 많이 하셨습니다. 오늘 저녁 7시에 첫 방송이 있을 것입니다, 그리고 촬영한 것은 CD로 떠서 다음 주쯤에 택배로 보내 드리겠습니다. 어르신들께서도 수고 많이 하셨습니다. 안녕히 계세요."

두 시간이 약간 넘게 걸린 촬영 시간이 정작 방영될 때는 단 몇 분으로 축소되어 끝나 버릴 것이 틀림없는데 우리 내외뿐만 아니라 동네 사람들까지도 화면에 비춰질 자기 모습이 어떨지 이제는 그게 또 궁금해서 벌써부터 저녁 시간이 기다려지는 것이다.

「고향의 산을 화폭에」

"척박한 지역미술을 묵묵히 지키며 자신의 작품 세계를 키워 가고 있는 초로의 화백이 있습니다. 고향의 산을 정성껏 화폭에 담아내는 그 김 화백을 서 기자가 만나 봤습니다."

아침나절에 보았던 여기자가 직접 아나운서로 출연해 방송을 진행하고 있었다. 은근히 걱정되던 기자와의 인터뷰 장면이 크게 어색하지 않아서 천만다행이었다.

퇴직 후 고향 마을에 눌러앉아서 작품 활동을 하는 김 선생님이야말로 마산3동 우리 진등마을의 자랑거리라고 말하는 마을 이장의 얼굴이 화면 가득 들어오는가 하면 활짝 웃는 부산댁 아주머니나 처음부터 분위기를 띄우던 은행나무집 할머니 얼굴도 보였다. 그렇지만 옆모습이나 뒷모습만 살짝 비추고 지나간 할머니들은 참으로 서운해할 일이었다.

"그의 그림에는 유독 눈 내린 겨울 산이 많습니다. 산이 갖고 있는 본연의 모습을 정직하게 드러낸 산 풍경이 너무 좋아서 서양화인 유화에 동양화가 주는 부드러움을 접목시킨 '습윤유채'를 탐구 중이라는 김 화백은 6년 전 수필로 등단하면서 수필가로서의 길도 걷고 있습니다."

여자 아나운서의 낭랑한 목소리가 계속되면서 작업실에 걸려 있는 그림들과 이젤 앞에 앉아 그림 그리는 모습, 컴퓨터로 수필 쓰는 장면, 아내와 같이 화단을 돌아 나오는 모습들이 텔레비전 화면을 채우고 있었다.

그날 밤, TV에 나온 것을 보았다며 몇 사람으로부터 축하 전화를 받았다. 색다른 이야깃거리가 생겼으니 내일 아침에는 동이 트자마자 위뜸부터 아래뜸까지 동네 전체가 수런거리게 생겼다.

우울한 그림

작업실에 그림이 빼곡하게 걸려 있다. 일일이 다 걸어 놓을 수가 없어 벽에 비스듬히 기대 놓거나 줄줄이 세워 놓았다. 이젤 위에는 15호짜리 캔버스가 올려져 있다. 질감의 밀도를 높이기 위해 밑칠 작업을 2주째 계속하고 있는 그림이다.

그림을 그려 온 지 40여 년, 어느덧 60대 후반에 들어섰는데 나는 아직도 개인전을 미루고 있다. 안타까운 마음이 왜 없겠느냐만 그렇다고 후회하고 싶지는 않다. 지금껏 허송세월로 살아온 게 아니라 주어진 일상에 충실해 가며 붓을 놓지 않았다는 내 나름의 자부심이 있기 때문이다.

한차례 지나가 버리는 바람 같은 것이 아니라 지워도 지워지지 않을 튼튼하고 확실한 내 것을 찾겠다며 애를 써 왔던 것이다. 평생 동안 내 것을 찾지 못한다 해도 어쩔 수 없는 일이지만 최근 몇 년 사이 뭔가 잡힐 듯 다가오는 게 있어 작품 제작에 더욱 심혈을 기울이게 되었으니 그보다 더 다행스런 일이 없을 듯싶다.

사십오억 이천민 원! 국내 미술 경매사상 최고가를 기록한 그림 값이다. 박수근 화백의 유화 작품 〈빨래터〉가 올린 가격인데 얼마 전 그 그림이 가짜일 수 있다는 의문이 제기되면서 미술계가 한동안 충격에 빠져들었다. 전문 감정위원들의 재감정 결과 진본으로 확인되어 다행이긴 하나, 어쨌든 우리 같은 소시민적 사고로는 도저히 감당 안 되는 상황이어서 그저 놀랄 수밖에 없다.

경매 가격이 큰 폭으로 상승할 때마다 마치 시험대에 올라 무슨 재력 시험이라도 치르는 것처럼 순간순간 극도의 긴장감에 휩싸였을 테니 말초신경을 자극해 오는 초조감이 얼마나 짜릿하고 급박했으랴.

미술 시장 관계자들은 지금이 미술 시장의 활황기라고 서슴없이 말한다. 격월로 시행되는 경매 시장이 활발할뿐더러 유명 화랑이나 인기 작가 그룹들이 주최하는 아트페어가 줄을 잇고 있다. 대규모의 아트펀드와 개별 투자자들이 출자 운영되는 미술품 투자펀드는 물론이고 은행이나 백화점 또는 대기업이 별이는 아트마케팅, 도심지 번화가를 찾아들면서 속속 문을 여는 갤러리 등이 곧 미술 시장의 호황을 뜻하는 것이라고 힘주어 말한다. 그런가 하면 다른 한편에서는 미술 시장의 활황이 정상이라고 보기에는 아직 이르다며 미술 문화의 대중적 인지도가 한 단계 더 성숙되어야 한다는 신중론을 펴기도 한다.

미술협회 회원들과 비회원 작가, 거기에 작고 작가까지 포함된 미술인이 어림잡아 30,000여 명인데 그중에서 작품 판매가 이루어지는 것은 생존 작가와 작고 작가를 합해 고작 70여 명에 불과한 현상을 어찌 정상이라고 할 수 있느냐는 것이다.

주요 화랑 전속 작가든 비전속 작가든 유명 작가의 작품은 없어 못 팔 정도여서 얼핏 생각하기에는 미술 시장이 화끈 달아올라 있는 것처럼 비치겠으나 속내는 전체 미술인의 0.2% 정도에 불과한 극심한 편중 현상이므로 진정한 의미에서의 활황이라고는 볼 수 없으며, 실제로 대부분의 미술인들에게는 그런 미술 시장이 강 건너 불이요 그림의 떡일 수밖에 없다. 활황기, 호황기라는 말 자체가 어울리지 않는다는 주장이다.

세계적으로 널리 알려진 작가나 국내 작가라도 지명도 높은 인기작가의 전시회는 관람료를 지불하면서까지 줄을 서지만 그렇지 못한 전람회에서는 전시 기간 내내 파리만 날리는 형편이어서 작품 판매는 꿈에서나 기대해 볼 희망 사항에 그칠 뿐이다.

미술계의 빈익빈 현상은 지방 중소도시로 내려갈수록 더욱더 심해진다. 개인전이건 단체전이건 그 지역 자치단체나 문화기관의 관심을 기대하기란 거의 바랄 수도 없거니와, 관람객조차 희귀할 정도로 썰렁한 것이 지방미술의 현주소라고 할 수 있을 것이다.

예술품의 가치가 돈에 의해 좌지우지되는 시대에 살고 있으면서 돈 욕심이 없다는 것은 생판 거짓말이다. 그러나 억 소리 나도록 엄청난 값의 그림 앞에서 과연 순수한 감상이 가능하겠는지 한번 곰곰이 생각해 볼 일이다.

우리의 옛 조상들이 이름 없는 민화 한 폭을 방에 걸어 놓고 즐거운 마음으로 흡족해했듯이, 아니 적어도 그런 정도는 아닐지라도 큰 부담 느끼지 않을 적당한 가격으로 구입해서 누구든지 마음 놓고 바라볼 수 있는 미술 문화의 일반적 보편화가 더 매력 있는 일이 아닐까?

유명인의 작품이라며 베일 속 금고에 가둬 놓고 그림의 아름다움보다는 누구의 그림이라는 그 누구만을 앞세워 자산 증식에 몰두하는 것이 바람직한 일이냐고 묻고 싶어진다. 가짜 그림이 왜 나오게 되는가? 황홀하리만큼 비싼 값, 로또 같은 횡재가 그런 일들을 유혹하는 게 아닌가?

어느 작가인들 자기 작품에 대한 애착심이 없으랴만 나 또한 내 그림을 사랑한다. 작업실에 들어설 때마다 거기 걸려 있는 모든 그림들을 향해 골고루 눈길을 나누어 주는 것도 바로 그 때문이다.

주인 잘못 만나 영원히 이름 없는 작품으로 남아 있게 될 내 분신들이 안쓰럽다는 생각이 들 때에는 문득 이런 생각을 해 본다. 어느 쪽은 무명이어서 우울하고, 또 어느 쪽은 너무 유명해서 우울하고.

해오라기 내려앉은 논배미에서

매일 아침 이 시각이면 들길을 걷는다. 오늘도 여섯 시쯤 대문을 나섰다. 마을 앞길을 백 미터쯤 걸어 나가면 논둑길로 이어지는데 거기서부터는 줄곧 들녘 한가운데를 지나가게 된다. 어디 하나 막힐 데 없는 들판의 연속이지만 멀리 매화산 줄기가 들녘을 가로막고 있어서 황량하다는 생각이 들지 않는다. 군데군데 수직으로 서 있는 농업용 전신주를 빼고는 온전히 수평으로 가라앉은 논두렁뿐이라 마음이 편안하다.

새벽 일찍 논을 둘러보려고 나온 사람 한둘 이외에는 마주치는 이도 없고, 어쩌다 낯모르는 이웃 동네 사람과 맞닥뜨려도 가볍게 눈인사로 스쳐 가면 그만이니 시야에 거칠 것 없는 아침 걷기야말로 내 기분에 딱 들어맞는 운동이 아닐 수 없다.

어렸을 적에는 이 들녘에 댐뱃들, 구러, 불금보라는 이름들이 붙어 있었다. 농지 정리가 안 된 논둑은 마치 뱀이 기어가듯 꼬불거렸고 허리 휘어진 논배미들은 모양이나 크기가 제멋대로였다. 그렇게 논 크기가 제각각인 것처럼 주인 또한 다 달라서 몇 십 배미씩 농사를 짓는 부유한 농가들이 있는가 하면 달랑 작은 논 한 배미에 일 년 농사를 거는 집도 여럿이나 되었다.

양지리와 소룡리 계곡을 타고 내리는 도랑물과 죽평리 쪽에서 새어 나오는 허드렛물이 모여 우리 동네와 앞 동네를 갈라놓고 흐르는 냇물이 있기는 하다. 그러나 조금만 가물어도 바닥을 드러내기 일쑤여서 명색이 들 논이지 그 당시에는 천상 하늘만 바라볼 수밖에 없는 천수답뿐이었다.

매화산 줄기를 따라 남북으로 길게 호남고속도로가 뻗어 간다. 각종 차량들이 시원스럽게 달려간다. 짐을 가득 실은 덩치 큰 트럭이 승용차를 추월하고, 그 뒤를 바짝 따라붙던 고속버스도 승용차를 앞질러 간다. 승용차는 서두를 것 없는 느긋한 새벽 여행을 즐기려는지 추월당한다는 그 자체를 의식하지 않는 듯했다.

들녘이 온통 초록색으로 물들어 있다. 바둑판처럼 질서정연하게 잘 짜인 논배미가 정갈하고 깔끔하거니와 수리조합에서 내려보내는 물이 넘치도록 철렁댄다.

누군가 논 가운데에서 차광용 모자를 깊이 눌러쓴 채 연방 팔을 휘저어 가며 비료를 뿌리고 있다. 기계화된 요즘의 농촌에서는 보기 드문 풍경이다. 몇 번인가 나를 유심히 살펴보는 듯했다. 그때 어디서 날아왔는지 해오라기 한 마리가 하얀 날개를 퍼덕이며 논 가운데로 내려앉았다.

비료를 멀리까지 쏘아 보내는 살포기를 걸머졌더라면 요란한 엔진 소리에 앉았던 새도 금세 날아가 버렸을 테지만 춤추는 것 같은 촌로의 소리 없는 몸짓에 마음이 놓였는지 긴 목을 기웃기웃 꺾어 가며 먹이를 찾고 있었다.

"이보시오, 나 좀 잠깐 봅시다."

"누구요? 나 말이오?"

"이 들판에 해오라기와 댁밖에 없는데 그럼 내가 저 새를 불렀겠소?"

하긴 그랬다. 들녘에는 아까부터 나를 힐끔거리며 바라보던 사내와 해오라기밖에 없으니 그런 말이 나올 법도 했다. 그러나 시비조의 농담 비슷한 말투로 보아서는 내가 누군지를 이미 알고 있는 것 같았다. 무릎까지 올라온 벼 포기 사이를 조심조심 헤쳐 나온 촌로는 다름 아닌 초등학교 동창생이었다.

벌써 육십여 년 가까이 흘러간 아주 오랜 옛날의 이야기다. 6·25전쟁이 일어났을 때 우리는 일 학년이었다. 어느 날인가

학교 문을 닫았다. 전쟁이 일어났다는 것이다. 기억이 확실치는 않지만 전쟁이 끝나고 다시 학교에 나가기 시작했을 때는 삼학년으로 한 학년을 건너뛰지 않았나 싶다. 몇몇 아이들의 얼굴이 보이지 않았다. 피난 중에 어찌 되었을 거라고들 했다.

뒤숭숭했던 그 시절, 걸핏하면 책가방 대신 작대기 비슷한 나무총을 메고 교실에 나타나던 친구, 쉬는 시간만 되면 작대기 총을 앞세우고 따르륵따르륵 소리를 지르며 운동장으로 냅다 뛰쳐나가던 친구, 전쟁 중에 아버지를 잃었다던 친구를 오늘 아침 이 들녘에서 만난 것이다.

"퇴직하고 서울로 이사했다는 소리를 들었네만 그동안 어찌 지냈나?"

"이사를 간 게 아니고 손주 봐주러 잠시 올라갔었지."

"몇 해 전 동창회 때 본 얼굴이 그대로네 그려."

"친구야말로 달라진 게 없는데, 뭘. 혈색도 아주 좋아 보이고."

검게 그을린 얼굴에 잔주름이 좀 늘기는 했어도 건강만큼은 좋아 보였다. 악수를 청해 온 손아귀에서 아직도 묵직한 힘이 느껴졌다.

평생을 농사일만 해 왔고, 앞으로도 이 일을 놓을 수 없으니 육신이야 당연히 고달프겠지만 큰 욕심 부리지 않고 부지런히 일하다 보면 마음고생 없이 그럭저럭 살 만한 곳이 농촌이라고 했다. 젊어서는 특용작물이다 축산이다 해 가며 이것저것 손을 대서 돈도 벌어 보고 또 많이 잃기도 했지만 늘그막에 논농사에만 매달리게 된 뒤로는 크게 힘 부치는 일도 없다는 것이다.

한세상 사는 것이 나이 들면 누구나 다 엇비슷한 모양이다. 퇴직하고 나서 연금으로 살아가는 사람이나 평생을 농사꾼으로 살아온 이 친구나 하루를 맞이하고 보내는 게 별반 다르지 않다는 것을 그와의 대화에서 느낄 수 있었다.

따분하고 심심할 때가 있는가 하면 때로는 즐겁고 신이 나서 며칠씩 동동거리며 일을 해도 피곤한 줄 모르는 것이라든지, 앞날에 대한 어떤 기대보다는 오늘이 더 소중타 여기는 생각이 서로 같았다. 누가 얼마만큼 부자로 잘사느냐가 문제가 아니라 남몰래 속 끓이는 일 없고 마음 편히 사느냐가 더 중요하다는 것도 친구와 같은 생각이었다.

서너 해를 투병으로 고생하다가 올봄에 세상을 뜬 친구나, 지난달 뇌일혈로 쓰러져 갑자기 숨을 거둔 친구가 모두 나이 비슷한 초등학교 동창생이었다. 동창생을 만나면 우선 반갑다. 몇 마디 이야기를 나누다 보면 서로가 서로에게 고마운 생각이 든다. 아직은 무탈하게 살아가고 있음이 안심될뿐더러 친구의 건강을 확인하면서 자신의 건강을 다짐하는 기회가 되기 때문이다.

"언제 올라가려는가? 가기 전에 우리 한 번 더 만나지."

"전화번호는 그냥 그대로일 테지? 내 연락함세."

비료망태기를 한쪽 어깨에 비스듬히 걸머진 친구가 야트막한 냇물을 휘적휘적 건너갔다. 나 또한 걷던 길을 계속 걸어갔다. 언제 날아갔는지 해오라기 없는 들녘이 텅 비어 있었다. 참으로 화창하고 싱그러운 아침이었다.

계곡에서 만난 소나기

그날 우리는 계곡 한가운데에 있었다. 하늘은 흐렸으나 비가 내릴 듯한 날씨도 아닌 데다 이미 대여섯 가족이 자리를 잡고 있어서 우리도 별 생각 없이 적당한 곳을 골라 텐트를 쳤던 것이다. 두어 시간 뒤에 닥쳐올 일은 꿈에도 생각 못하면서.

여름휴가는 7월 말에서 8월 초쯤이 절정기다. 우리도 그때가 되면 한 차례씩 피서를 다녀온다. 재작년에는 무주 리조트, 작년에는 원주 오크벨리, 그리고 올해는 홍천 비발디 파크에서 이박 삼 일씩을 보냈다.

요즘의 젊은 부모들은 대개 아이들 위주로 피서 계획을 세운다. 새롭게 접할 수 있는 놀이기구나 체험학습장이 골고루 갖춰진 곳을 찾아 체험 교육도 시킬 겸 본인들도 즐길 수 있는 일거양득의 기회라는 생각 때문일 것이다. 아닌 게 아니라 그런 데를 가 보면 사방이 모두 아이들 천지다. 입장료며 사용료가 놀이장 입구마다 붙어 있고 요금 또한 만만치 않은데도 어른, 아이 할 것 없이 바글대는 것을 볼 수 있다.

삼대 세 식구가 한날한시에 모인다는 것이 결코 쉬운 일은 아니다. 아들 둘과 딸 하나를 두었는데 두 아들은 각각 남매를 낳고, 딸은 아들만 둘이라 우리 내외까지 하면 모두 열 넷이다. 결혼한 지 삼십칠 년 만에 식구가 열둘이나 불어난 것이다.

재작년에는 딸네가 하루 늦게 합류했고, 작년에는 4월에 태어난 손자가 너무 어려서 막내네 식구가 빠졌는데 올해는 또 사위와 막내 모두 날짜가 맞춰지지 않아서 큰아들네와만 피서 길에 오를 수밖에 없었다.

무주와 원주 때도 그랬지만 이번 홍천 길에서도 큰아들이 가져온 할인권이 큰 몫을 했다. 숙박료가 거의 60% 가까이 싸게 먹히니 어찌 안 그렇겠는가?

서울에서 홍천까지는 아무리 피서 철이라고 해도 넉넉잡아 2시간이면 충분하다. 그런데도 일찍부터 서둘러 출발했으니 가는 도중 어디선가 아침을 먹어야 했다. 양평을 지나 용문사 근처 어느 휴게실로 들어섰다. 간단하게 사 먹으려 했지만 점심으로 준비해 온 음식을 먼저 치우는 게 어떠냐는 며느리의 제안에 그게 좋겠다며 휴게실 밖 그늘진 곳에 자리를 폈다. 찰밥과 구운 김, 어제 먹던 갈비찜에 삶은 계란 등 제법 푸짐한 아침상이었다.

목적지인 비발디 파크의 입실 시간은 오후 3시였다. 아직도 대여섯 시간이 넘게 남아 있어서 아범이 세운 계획대로 팔봉산 자락에 깊숙이 들어앉은 계곡부터 먼저 찾기로 했다. 차는 주차장에만 세워 놓도록 되어 있었다. 우선 펀펀한 자갈밭에다가 텐트를 치고 나서 튜브와 보트, 견지낚시로 물놀이를 시작했다. 계곡물이 차갑지 않아 아이들 놀기에는 아주 그만이었다. 노는 데 팔려 두어 시간이 어떻게 지났는지도 몰랐다. 텐트 안에서는 며느리가 점심 준비를 하고 있었다.

시원한 바람이 한차례 계곡을 휩쓸고 지나갔다. 텐트 윗덮개가 심하게 펄럭거렸다. 짙은 회색빛 구름이 남쪽 산봉우리를 넘어오고 있었다. 아무래도 소나기 한 줄금 퍼부을 기세다. 아이들을 텐트 속으로 들여보냈다.

산봉우리 쪽에서 번쩍하고 번개가 쳤다. 천둥소리와 함께 빗방울이 툭툭 떨어지는가 싶더니 삽시간에 소나기로 변한 굵은 빗줄기가 사납게 텐트를 두들겨 댔다. 두 눈이 똥그래진 손자 손녀를 할머니가 양팔로 감싸 안았다. 점심 준비를 하던 며느리와 아들이 짐을 챙기기 시작했다. 하늘이 점점 더 시커멓게 가라앉는 것으로 보아 쉽게 그칠 비는 아닐성싶었다. 소나기가 잠시 주춤해진 틈을 타서 식구들을 주차장으로 올려 보냈다.

빗줄기가 다시 굵어지고 있었다. 텐트를 빨리 걷어 내자는 아들과 조금 더 두고 보자는 내 의견이 엇갈리고 있을 때 벼락 치듯 또 한 번의 굉음이 계곡을 흔들었다. 사이렌이 울렸다. 그리고 다급한 목소리의 안내 방송이 뒤를 이었다.

"이곳은 물살이 급한 곳입니다. 피서객들은 방송을 듣는 즉시 주차장으로 대피하시기 바랍니다. 다시 한 번 말씀드립니다. 피서객들은 지금 즉시 주차장으로…."

사이렌 소리가 계속 울려 댔다. 위급한 상황이 틀림없는 듯했다. 갑자기 며칠 전에 보았던 TV 화면이 떠올랐다. 급물살을 피해 바위 쪽에 바짝 붙어서 비를 맞아 가며 오들오들 떨고 있는 피서객 몇 사람, 로프 하나에 몸을 맡긴 구조대원이 그들을 하나씩 대피시키는 한 편의 영화 같은 장면이었다.

빗물에 흠뻑 젖은 짐을 대충 챙겨 넣고서 다급하게 차에 올랐다. 아예 주차장까지 빠져나가자며 아범이 서둘렀다. 사이렌 소리와 안내방송을 뒤로하고 계곡을 벗어나는 마지막 다리를 건너고 있을 때 다리 밑으로는 황토물이 소용돌이치며 거세게 흘러가고 있었다. 상류로 갈수록 경사가 급하고 계곡이 좁아져서 물살이 빨라질 수밖에 없다는 사실을 실감할 수 있었다. 서

둘러 철수하지 않았더라면 지금쯤 어찌 되었을까? 아들 뜻에 따른 것이 백번 잘했다는 생각이 들었다.

비발디 파크 주차장에는 비를 피해 달려온 차들로 북새통이었다. 그들 역시 우리처럼 어느 계곡에선가 물놀이를 즐기는 중에 소나기를 만났던 모양이다. 겨울이면 사람들로 북적거릴 스키장은 텅 비어 있고 그 옆 계곡에서는 곤돌라가 일정한 간격을 두고 연신 오르내리며 피서객들을 끌어모으고 있었다.

"희재야, 희림아. 할머니랑 잘 놀았어?" 세 살짜리 손자는 '응' 했고, 아홉 살짜리 손녀는 "비가 안 왔으면 더 많이 놀았을 걸!" 했다. 내일은 삼십오륙 년 전에 잠시 살았던 춘천을 돌아보고 소양댐까지 구경한 다음 이 고장 특산물인 찰옥수수 한 자루를 사야겠다. 오랜만에 춘천막국수와 닭갈비 맛 좀 보게 생겼구나.

목요일에 만나는 사람

물안개라도 낀 것처럼 들녘이 희뿌옇게 가라앉아 있다. 아침나절 잠깐 트이는 듯하더니 점심때가 지나고부터는 어제와 마찬가지로 까칠한 황사바람이 불어오기 시작했다.

열세 시 십오 분 발 서울행 우등고속버스, 일요일 오후 이 시간이면 아내가 서울로 간다. 아무리 급하고 바쁜 일이 있어도 아랑곳하지 않고 간다. 첫돌 넘기지 않은 손녀딸을 키워 주기 위해서다. 그러다 보니 한 주일이 반반으로 나누어져 일요일 오후부터 목요일 오후까지는 큰아들 집에서, 목요일 밤부터 일요일 오전까지는 이곳에서 시간을 보낸다. 말이 시간을 보내는 것이지, 실제로는 시간을 만들어 내는 것이나 다름없다.

목요일 밤차로 내려온 아내는 밤을 새기가 무섭게 아침부터

빨래하고, 청소하고, 마늘 까고, 참기름 짜 오고…. 다음 날도 이것저것 반찬 준비하느라 어느 한때 마음 놓고 쉴 참이 없다. 그렇게 이틀 동안 바쁘게 준비한 것을 아들네 집으로 갈 것과 딸네 집으로 보낼 것을 따로따로 보퉁이에 싼다. 그리고는 늘 그래 왔던 것처럼 오늘도 보퉁이를 챙겨 가지고 올라갔다.

지금쯤 황사 먼지가 내려앉은 고속도로를 한참 달려가고 있을 것이다. 버스가 출발하자마자 피곤함이 밀려와 곧 잠을 청했을지도 모르고, 주섬주섬 챙겨 넣은 보퉁이에 혹 빠진 것이나 없는지 가짓수를 헤아려 가며 졸음을 쫓고 있는지도 모른다.

"목요일에 만나는 사람" 언제부턴가 나는 아내를 그렇게 불렀다. 남편보다는 자식을 더 염려하고 챙기는 것이 늙어 가는 징조가 아니겠냐며 미안해할 때 나는 충분히 그럴 수 있으리라고 했다. 자식을 위해서라면 목숨까지 내놓는 것이 이 땅에 사는 모든 어머니의 마음인 것처럼 아내 역시도 자식에 관한 일이라면 열일 다 제쳐 놓는 사람이다.

아내는 늘 바쁘다. 원래부터 약골인 데다 잔병치레를 많이 한다. 그러면서도 집안 대소 간의 일이거나 먼 친척 일, 심지어는 동네일에 이르기까지 일을 만들고 때로는 그 일로 하여 속을 끓이기도 한다.

남들이 꺼려하는 일을 해주면 보상이 다 어디로 가겠느냐. 결국 어떤 형태로든 다시 돌아오는 게 아니냐. 복이 따로 있다면 모를까, 어차피 준 만큼 돌아오는 것이라고 한다면 도움을 갚아야 할 어떤 의무로서보다는 편한 마음으로 복을 맞이하는 입장이 더 떳떳할 게 아니냐며 복의 논리를 경제적으로 풀이한다.

천안을 지나서 수원쯤 가고 있겠지 생각했는데 전화가 왔다.

"양재동 교육문화회관 앞을 지금 막 지났어요. 큰애가 강남터미널에 벌써 나와 있대요. 별일 없죠?"

매번 거의 같은 장소에서 그만그만한 말로 소식을 전해 왔다. 언젠가 거기쯤 가서 전화를 하는 이유가 뭐냐고 물었더니 아들이 결혼식을 올린 곳인데 어찌 그냥 지나칠 수 있느냐며 문화회관건물이 멀리 보이기만 해도 작은 설렘이 느껴진다고 했다. 그럴 적마다 목소리를 듣고 싶어 아들과 내게 전화를 건다고 했다.

어머니란 존재가 도대체 무엇이기에 아들이 결혼식을 올린 예식장 건물만 보아도 마음이 기우는지 알 수가 없다. 자식에 관해서는 똑같은 말을 몇 번씩 되풀이해도 늘 새롭게 생각되는 법이다. 다른 사람이라면 흉도 볼 수 있고, 험담을 늘어놓을 수 있으나 자식만큼은 그럴 수가 없다. 힘들고 서운한 일은 가슴 깊이 묻어 두고 즐겁고 훈훈한 이야기만 골라 하게 되는 것이 부모 마음이기 때문이다.

여자에게 있어 미모는 삼 년, 심성은 삼십 년, 지혜로움은 삼대를 간다는 말이 있다면서 아내는 지혜로움을 앞세운다. 그리고 그 지혜로움은 많이 보고, 많이 생각하고, 많이 경험해 보는 것에서만 얻을 수 있다고 강조한다. 백번 옳은 말이다. 사물의 도리나 선악 따위를 잘 분별할 줄 아는 것이 곧 지혜일진대 일상생활에서 지혜만큼 더 중요한 것이 또 있을까?

지혜로움을 완벽하게 구사할 수는 없다. 세상을 살아가면서 자기 의지와는 상관없이 빗나가는 경우가 얼마나 많은가. 뒤늦게라도 깨달아 방향을 달리하면 그것이 곧 지혜로운 선택일 테지만 욕심이 앞서 끝까지 깨닫지 못하고 계속 고집을 피운다면, 그래서 실패를 거듭하게 된다면 본인은 물론이고 후대에 이르러서까지 어려움을 겪게 될 것이다. 지혜가 삼대를 간다는 말은 바로 이런 점을 깨우쳐 주기 위함이리라.

챙겨 가지고 올라간 보퉁이가 돈으로 치면 얼마나 되겠는가? 부모 자식 간에 나누어야 할 속 깊은 정과 행동으로 보여 주는 근검절약 정신이 어찌 물질로만 계산될 수 있겠는가? 세월이 흐르면서 보퉁이의 내력이 다음 세대로 넘어가고, 또 그다음 세대로 고스란히 이어질 수 있다면 그것이야말로 진정 아름다운 가풍이 아닐는지.

오후 나섯 시를 조금 넘긴 시간, 이제 곧 또 한 번의 전화가 걸려 올 것이다.

“지금 도착했어요. 아이들 다 잘 있으니 걱정 말아요. 아침저녁 잘 챙겨 드세요. 그럼 목요일에 봐요.”

통화료 올라간다면서 무사히 도착했다는 소식만을 짤막하게 들려주는 그런 전화가 곧 올 것이다.

코스모스 피어 있는 길

늦더위 찌꺼기가 말끔히 걷힌 청명한 하늘에 솜털 같은 구름 몇 조각이 한가롭게 떠 있다. 끝없이 펼쳐 오른 빈 하늘이 너무 높고 깨끗해서 마음 한 자락 걸칠 데가 없다. 그야말로 광활하기 이를 데 없는 무한 공간의 연속이다.

길가에 무리 지어 핀 코스모스, 바람이 불 때마다 한들거리는 빨간 꽃잎과 파란 하늘의 색깔 대비가 산뜻도 하거니와 꽃 무더기 속에 하얀 꽃, 분홍 꽃이 촘촘하게 섞여 있어서 청초한 아름다움이 더욱 돋보인다.

멕시코가 원산지인 이 꽃이 언제부터 우리나라에 들어와 가을꽃으로 터를 잡게 되었는지는 알 수 없으나 어렸을 적부터 신작로 가장자리에는 코스모스가 지천으로 피어 있었다. 신작로

뿐만 아니라 고개를 넘어가는 언덕바지에도, 가시 돋친 탱자나무 울타리 사이에도, 고구마 캐낸 빈 밭머리나 밭길 뜸한 학교 운동장 후미진 곳에도 가을만 되면 어김없이 코스모스가 만발했다.

숨 죽은 가을볕에 무수히 떨어져 내린 씨앗들이 눈바람 속에 함부로 내동댕이쳐 많이 심란타 했더니 그래도 새봄 왔다며 무더기무더기 고개를 치켜들었다. 붙박이로 살아온 거칠고 메마른 땅 신작로길 철로길, 한 해가 다 가도록 덧거름 한 톨, 물 한 방울 적선한 적 없는데 저 혼자 쑥쑥 잘도 커서 때맞춰 꽃이 터졌다.

나고 죽음이 하찮은 질경이 풀과 무엇이 다르랴만 그래도 아무나 쉽게 얕보지 못하는 것은 까르륵까르륵 웃어 대는 착한 꽃잎들 때문이고, 숫기 없이 부끄럼 타는 가녀린 고갯짓 때문이다. 고색 청자분에 올라 세상을 내려다보듯 부귀한 화초는 아닐지라도 햇살 식어 가는 이 계절에 코스모스만큼 사랑받는 꽃이 또 있을까?

하기야 저 혼자 나서 피는 꽃이 어디 코스모스뿐이랴. 높고 깊은 푸른 하늘과 눈부신 태양 그리고 대지를 흠뻑 적셔 주는 빗물이 있는 한 들녘이든 산자락이든 수없이 많은 꽃들이 그렇게 알 듯 모를 듯 피고 지지 않던가?

눈이 부시게 푸르른 날은 그리운 사람을 그리워하자
저기 저기 저 가을 끝자리 초록이 지쳐 단풍 드는데
눈이 내리면 어이하리야 비가 또 오면 어이하리야
내가 죽고서 네가 산다면! 네가 죽고서 내가 산다면?
눈이 부시게 푸르른 날은 그리운 사람을 그리워하자

시인 서정주 님의 「푸르른 날」을 티끌 하나 없이 맑고 깨끗하게 노래한 어느 가수의 시원스런 목소리가 통기타 음률을 타고 들녘을 건너간다. 그 들녘 끄트머리쯤 껑쭝하게 서 있는 미루나무에도 단풍이 들고 있었다.

가을 시, 가을 노래가 아니어도 이렇듯 빈 계절이 오면 누구나 무단히 외롭고 쓸쓸해지는 법이다. 딱히 꼬집어 말할 수는 없어도 뭔가 그냥 그립고 기다려지는 마음, 그것이 곧 가을이 아닌가 싶다.

멀고 먼 신작로 길에 뽀얀 흙먼지를 뒤집어쓴 채 타박타박 서 있던 어린 날의 코스모스, 소실돼 가는 아득한 기억들이 그리워서 들녘에 나서지만 어디서든 그런 코스모스를 찾아볼 수가 없다. 쭉쭉 뻗은 큰길이나 마을 뒷산을 휘돌아 가는 고갯길마저도 시멘트 포장이 다 돼 있어서 흙가루 날릴 만한 데가 모두 없어졌기 때문이다.

추적추적 가을비 한차례 지나가더니 아침저녁으로 제법 한기가 느껴진다. 오싹하도록 서늘한 기운에 밀려 매미 울음은 벌써 그쳤으나 아직도 해야 할 일이 더 남았는지 가을 나비는 꽃을 떠나지 못한다. 꽃잎 위를 이리저리 옮겨 다니는 날갯짓이 여간 힘들어 뵈는 게 아니다.

감나무 굵은 밑동에 누런 매미 껍질 하나가 마치 살아 있기나 한 것처럼 꼼짝없이 붙어 있고 나뭇가지를 건너뛰며 얼기설기 매달린 거미줄이 끊어진 연줄처럼 힘없이 늘어졌는데 진작부터 참새들 먹잇감 표적이 된 방아깨비들만 배추밭을 돌아가며 물색없이 팔짝댄다.

햇살이 시름시름 더 엷어 가고 빈 들녘에 찬바람 몰려오기 시작하면 깔깔대며 하늘거리던 코스모스도 풍요로운 한 시절을 마감하게 될 것이다. 우는지 웃는지 해 질 녘이면 오들오들 웅크리고 떨 수밖에 없을 키 작고 못생긴 늦둥이 꽃 몇 포기만 빼놓고.

산의 침묵 그 억겁의 세월

산은 언제 보아도 믿음직하다. 늘 있던 자리를 지켜 주어서 고맙고, 누군가를 기다리기나 하는 것처럼 아무 때나 찾아가도 활짝 열려 있어서 반갑다. 게다가 사시사철 소리 없이 진행되는 변화의 아름다움으로 하여 더욱 신비롭다. 온종일 바람 소리 새소리 끊이지 않아 좀 심란하기는 해도 가끔씩 아주 가끔씩 "쩌렁" 하는 산울림 소리가 있어 거대한 산의 존재를 알게 된다.

봉우리에서 봉우리로 이어지는 능선이 어느 순간 수십 길씩 떨어져 내리며 가파른 계곡을 이루는가 하면, 골 깊은 산자락을 이리저리 넘나들면서 마치 치마 주름 잡아 가듯 차곡차곡 갈라놓다가 종래에는 산자락 끄트머리에 슬그머니 자지러지고 만다.

뿌연 안개를 허리에 휘감고 우뚝 서 있을 때는 빼어난 용모와 기세가 어찌나 당당한지 보는 이로 하여금 잔뜩 주눅 들게 하지만 저녁나절 황혼을 등진 채 어둠 속으로 묻혀 가는 산허리를 보면 까닭 없이 서글퍼지기도 한다. 긴 세월, 비가 오나 눈이 오나 볼 것 못 볼 것 있는 대로 다 끌어안고 오직 침묵 하나로 일관해 온 억겁의 세월. 그래서 위대해 보이는 걸까? 그래서 더 측은해 보이는 걸까?

산에 사는 사람은 계곡을 타고 오르내리는 바람 한 자락으로 산의 감정을 읽어 낸다. 몰려오는 들녘 바람이 산꼭대기로 올라붙는가 하면 하늘 바람이 계곡을 따라 훑어 내리기도 한다. 오를 때와 내릴 때 바람의 속도가 다르고, 속도가 다르면 소리 또한 당연히 다를 테니 그것으로 산기운을 짐작해 낸다는 것이다.

웅대한 기운이 골짜기부터 살아나고, 초록 물결이 온 산을 뒤덮어 비집고 들어설 틈조차 안 보이다가, 울긋불긋 화려하고 풍요롭게 한 계절을 마감하고 나서, 하얀 눈 속에 모든 것을 다 묻어 놓은 채 깊은 침묵 속으로 빠져든다.

산을 그려 온 지 십수 년, 한눈에 스치기만 해도 산세의 흐름이나 산이 품고 있는 감정이 읽힐 만도 한데 산은 아직도 저만큼 멀리 있다. 언뜻 보기에는 산마다 서로 엇비슷하게 생겼으나 깊숙이 들여다보면 볼수록 종잡을 수 없는 것이 산의 실체다.

산이 갖고 있는 외형적 형태와 농담이 뚜렷한 색깔 대비, 거친 붓 자국으로 생긴 색깔의 더께와 그것으로 빚어진 질감 효과 등 산 표현에 필요한 조형 요소만의 문제라면 크게 걱정할 것이 없다. 산을 그리는 사람이면 대부분 거기까지는 수월하게 도달하기 때문이다.

그러나 수천 년을 쌓아 온 과묵한 세월의 무게는 어찌할 것인가? 단지 몇 개의 조형 요소만으로 그 억겁의 세월 표현이 가능타 할 수 있겠는가? 만약 그러기를 원한다면 그것이야말로 대자연을 읽는 마음의 자세가 너무 소홀한 것이 아닐까?

한동안 민둥산, 악산을 가리지 않고 올랐다. 펑퍼짐한 야산보다는 오히려 거친 바위산을 택했다. 산을 좀 더 철저히 알아보기 위함이었으나 결국 발목과 무릎 이상으로 병원 신세만 졌을 뿐 산을 모르기는 매한가지였다.

설산, 심산, 운무 등으로 표현 범위를 넓혀 보기도 하고 때로는 산의 이미지만을 살려 내는 작업에 몰입하거나 중첩된 산을 켜켜이 늘어놓고 능선이 교차되면서 멀어지는 투시원근을 응용해 보기도 했다. 덧칠 과정에서 생기는 색깔의 소멸과 생성에도 주력했고, 물감의 농도를 조절해 가며 티 없이 맑은 색깔이 되도록 애도 썼다. 그러나 캔버스는 알록달록한 색깔과 테크닉을 앞세운 명암이나 질감 등 겉모습만 그려질 뿐 내가 찾는 억겁의 세월은 그림 어디에서도 찾을 수가 없었다.

오죽이나 안타까웠으면 안견의 〈몽유도원도〉를 탄생시킨 안평대군의 꿈 이야기를 생각해 냈을까? 꿈에서처럼 누군가로부터 산이 품고 있는 모든 진실과 억겁의 세월을 표현할 수 있는 비법을 고스란히 전수받고 싶어 했겠는가? 시간이 흐를수록 산에 대한 내 의지력이 불로장수의 신약이나 혹은 연금술 같은 헛된 요행에 사로잡히는 것 같아서 산을 대하기가 민망했다.

작업실 벽을 빽빽이 차지하고 있는 산 그림을 바라보는 것도 마음이 무겁게 느껴졌다. 그러나 아무리 어렵고 또 어려울지라도 모질게 지켜 온 산의 침묵 그 억겁의 세월을 찾아내기 위한 작업은 앞으로도 계속될 것이라고 스스로 다짐해 본다. 세월의 더께를 찾든 못 찾든 그 결과와는 관계없이.

그 사람 이름은 잊었지만

벌써 이십여 년 전의 일이다. '서각(書刻)'이라고 쓴 간판이 눈에 들어왔다. 뭔가 배울 만한 것이 없나 하던 참인데 마침 잘되었다 싶어 가게 문을 밀치고 들어갔다. 어딘지 썰렁하고 궁핍해 보였다.

구경하려고 잠시 들렀다면서 몇 가지 궁금한 것을 물어보았다. 그러나 내가 알고 있는 서각과는 방향이 너무 다른 데다 나와 동년배쯤으로 보이는 가게 주인의 무뚝뚝하고 불친절한 태도가 마음에 거슬려 그냥 나오고 말았다.

몇 달간을 까맣게 잊고 있었는데 어느 날 우연히 또 그 가게 앞을 지나게 되었다. 문득 다시 한 번 들어가 보고 싶은 생각이 들었다. 들어선 순간 이번에는 정말 놀라지 않을 수 없었다.

벽에는 서각 작품들이 빼곡하게 걸려 있고 작업대 밑으로는 판목이 차곡차곡 질서 있게 쌓여 있었다. 몇 달 전과는 비교할 수 없을 정도로 분위기가 생판 달라졌을 뿐만 아니라 작업 열기 또한 가득해 보였다.

"오셨군요. 고맙습니다."

"아니 저를 알아보시겠습니까? 야! 이거 변해도 너무 변했네."

벽에 걸려 있는 작품들을 둘러보다가 나도 모르게 튀어나온 말이었다. 푹신한 방석이 모양 좋게 올려 있는 통나무 의자를 당겨 놓으면서 앉기를 권했다. 맛이 어떨지 모르겠다며 따끈한 녹차도 한 잔 내왔다.

내가 다녀갔던 그날부터 십여 일 정도는 아예 문을 닫아걸었다는 것이다. 처음에는 화가 치밀었으나 내게서 받은 질문 속에 어떤 충고 비슷한 말이 들어 있음을 뒤늦게 알고 난 후부터 생각을 달리하게 되었다면서 다음과 같은 이야기를 들려주었다.

오랫동안 군청공무원으로 근무해 왔다. 그러나 더 이상의 진급을 기대할 수 없었다. 그런데도 그냥 붙어 있는 자신의 모습이 처량하고 한심했다. 다행히 부모로부터 물려받은 얼마간의 재산도 있고 해서 깊이 생각할 것도 없이 공직 생활을 마감하고 말았다.

아무것도 하는 일 없이 한 해를 빈둥빈둥 놀다 보니 속절없이 세월만 죽이는 것 같아 그동안 취미로 해 왔던 서각이나 해 보자며 작업실 겸 가게 문을 열었다. 그러나 동창회 사무실이나 마을회관에 걸 현판을 주문하는 사람이 간혹 있을 뿐 서각을 이해하거나 해 보겠냐고 찾아오는 사람은 없었다.

그러던 중 나를 만났다. 그날 몇 마디의 질문을 받고 이제야 서각이 뭔지를 아는 사람을 만났구나 하고 내심 반가웠으나 또 한편으로는 얼굴이 화끈거리는 부끄러움을 느껴야 했다. 삼십여 년의 공직 생활로 무장된 자존심마저 형편없이 무너지는 듯했고 취미 삼아 가게 문 열기를 은근히 권유했던 아내의 궁싯거림이 원망스럽기도 했다.

며칠간을 고민하다가 이렇게 사람이 없을 바에는 차라리 작업실로만 사용할 것이라며 분위기를 바꿔 놓았더니 얼마 안 가서 서각을 배워 보겠다고 상담을 청해 오는 사람이 생기기 시작했다. 그날 가슴을 똑바로 찔러 오던 충고가 없었더라면 한둘씩 찾아오는 문하생을 꿈에서라도 생각했겠느냐며 내가 나타나 주기를 학수고대하고 있었다는 이야기로 그간의 일을 털어놓았다.

자존심을 상하게 했을 정도의 말이 무엇이었는지 기억할 수는 없지만 어쨌든 내가 물어보았던 말이 결과적으로 그의 창업 의지에 강렬한 불길이 되어 준 것만은 사실인 듯했다. 그날 이

후 나만큼은 언제든지 와서 실습을 해도 좋다는 특혜가 주어졌고, 내게서는 단 한 푼의 수강료도 받지 않겠다는 다짐까지 받았다.

신상에 대한 이야기를 주고받다 보니 나보다는 그가 한 살이 위였으므로 서로 간에 아저씨 대신 사부님과 김 선생으로 호칭을 바꾸기로 했다. 아닌 게 아니라 그 뒤로는 틈만 나면 그곳을 찾아갔다. 내가 모르고 있던 기법을 따로 배우면서 서각의 진정한 멋과 정신이 어디에 있는지를 체험해 갔다.

바로 엊그제 있었던 일 같은데 어느새 이십여 년의 세월이 흘러갔다. 지금도 그는 문하생들과 글자를 새기고 있으리라. 그리고 그동안 작품발표회를 열면서 제자들을 끊임없이 배출했을 테니 이제는 그의 작품 가격 또한 상당한 수준에 이르렀으리라.

나는 요즈음 전각(篆刻)에 몰두해 있다. 서각과는 또 다른 오묘한 맛을 알게 된 것이다. 서각에 비하면 턱없이 작은 크기지만 그 작은 면을 통해 소밀(성김과 빽빽함), 경중(굵고 가는 선), 증손(획의 증감), 굴신(굽히고 뻗는 선), 나양(필획의 변화), 교졸(교묘함과 소박함), 반착(문자의 기울임), 이합(집중과 분산), 계획(구역선) 등의 장법과 단도(가는 백문 한 번에 새기기), 쌍도(굵은 백문 두 번에 새기기), 형도(눕혀 밀어 가며 새기기), 절도(세운 칼로 눌러 새기기) 등의

도법을 익혀 보려고 애를 쓰고 있다.

가끔씩 친척이나 친지의 이름을 새겨 보내 주면서 전각의 멋을 터득해보는 즐거움도 분명 괜찮은 취미임에 틀림없다. 취미는 많을수록 좋다. 자신이 평생 추구하는 일은 따로 있으되 자투리 시간을 무료하지 않게 보내기 위해서라도 취미는 꼭 필요하다. 취미야말로 자신의 일에 집중할 수 있는 최적의 활력소이기 때문이다.

전각이나 민화에서의 문자도 또는 문자를 접목시킨 회화 작품에 관심을 갖게 된 것도 따지고 보면 그때 그 사람, 비록 이름은 잊었지만 옛날 그 서각 선생을 만난 인연이 아닌가 하는 생각이 든다.

물처럼 흘러간 이십여 년의 세월, 나도 이렇듯 머리가 하얗게 세어 버렸으니 그도 이제는 많이 늙었으리라.

● 겨울 야산 90.9 X 72.7 캔버스에 유채 2006

3부

두레가락

자연 속에 쉽사리 침몰될 수는 있어도 자연을 초월할 수 없는 인간 능력의 한계를 극복하지 못한다. 덧칠하고 긁고 색칠하는 일을 반복하다 보면 색깔마다 느낌이 모두 다르게 나타난다. 그렇게 달리 칠해지는 색깔들은 서로가 서로를 소멸시키거나 또는 은밀하게 침투하면서 다양한 색깔의 궤적들을 만들어 낸다. 내가 찾는 산, 눈으로 짐작하고 마음으로 느낄 수 있는 산은 매번 그렇게 해서 태어난다.

첫 번째 산바람전

온종일 비가 내리고 있었다. 봄 가뭄 끝인데 고맙고 반가운 마음이 왜 없겠느냐만 나로서는 그림을 시작한 지 사십여 년 만에 갖는 첫 개인전이고 또 그 첫날인지라 봄비답지 않게 주룩주룩 쏟아지는 굵은 빗줄기가 자꾸 마음에 걸렸다. 하루만이라도, 아니 단 한나절만이라도 참아 주기를 새벽부터 얼마나 고대했는가? 오프닝 전날, 오후 늦게 그림 걸기를 끝내면서 이번만큼은 기상예보가 빗나가 주기를 마음속으로 은근히 빌고 또 빌었던 것이다.

예술의 전당 한가람미술관 1층 부스 A15. 출입구에서 한 번 꺾어 왼쪽으로 첫 번째 칸에 내 그림 열 점이 전시되어 있다. 2010서울아트페어전으로 치러지는 부스 개인전. 최대 십여 점

정도밖에 내걸 수 없는 것이 못내 아쉽다. 그러나 전국적인 공모 형식을 통해 선발된 아흔네 명의 작가에게만 출품 자격이 주어졌으므로 여느 개인전에서 볼 수 없는 독특한 개성의 수준 높은 작품들을 많이 만나 볼 수 있다.

궂은 날씨인데도 관람객은 끊이지 않았다. 특히 퇴근 시간대인 오후 여섯 시부터는 줄을 잇다시피 계속해서 들어오고 있었다. 옛 직장 동료와 대학 선후배 그리고 서울 지역에 거주하는 지인과 친척들이 화분이나 꽃바구니를 들고 와 잠시 다녀갔고, 어디서 어떻게 알았는지 몇몇 제자들도 노스승의 첫 번째 개인전이라며 축하를 해 주고 갔다. 멀리 논산 지역 미술인들과 논산문학회, 그리고 대전수필문학회 회원들 역시 축전이나 이메일 또는 문자메시지 등으로 축하 인사를 보내 왔다.

끊임없는 변모를 시도하는 것이 창작하는 사람의 기본자세다. 자연 속에 쉽사리 침몰될 수는 있어도 자연을 초월할 수 없는 인간 능력의 한계를 극복하기 위함일 것이다. 그래서 자기 탈피를 위한 고독한 실험을 계속하는 것이리라.

덧칠하고 긁고 색칠하는 일을 반복하다 보면 색깔마다 느낌이 모두 다르게 나타난다. 그렇게 달리 칠해지는 색깔들은 서로가 서로를 소멸시키거나 또는 은밀하게 침투하면서 다양한 색깔의 궤적들을 만들어 낸다.

내가 찾는 산, 눈으로 짐작하고 마음으로 느낄 수 있는 산은 매번 그렇게 해서 태어난다. 내게서 산은 처음부터 끝까지 미지의 공간이고 인내의 공간이다. 겉으로 보기에는 무겁게 가라앉은 침묵뿐인 것 같아도 깊은 속은 살아 움직이는 생명감으로 충만해 있다.

산과 씨름하며 보낸 그 오랜 시간들, 이제야 뭔가 잡힐 듯 다가오는 것이 감지된다. 나를 지탱해 왔던 모든 것으로부터 도망치듯 뛰쳐나온 충동적 변화가 아니라 구체적 형상이라는 불변의 자연 질서를 거역하지 않으면서 조금씩 달라지려고 애를 쓴 탐구의 덕분이고 보람인 듯하다.

뒤늦은 나이에 갖게 된 전시회가 마치 놓쳐 버린 세월의 안타까움을 보이는 것 같아서 조금은 부끄럽기도 하다. 그러나 한편으론 그림과 함께 살아온 그동안의 삶을 돌아보게 하는 전환점이 되지 않을까 하는 생각이 들기도 한다. 왜냐하면 무사 안일했던 일상과 거기에서 비롯된 느슨한 작가 정신에 어떤 큰 변화가 있어야 한다는 것을 가슴 깊이 느꼈기 때문이다.

그런대로 결과가 나쁘지 않아 마음이 다소 놓이기는 해도 전시 기간 내내 가슴 죄어 오는 초조감에 휩싸여 있었다. 젊은 미술학도들이 작품을 주의 깊게 살피면서 작업 의도나 제작 과정 또는 기법에 관한 질문을 해 왔고, 나이 지긋한 몇몇 사람은 그림에 명시된 작품 가격을 조정할 수 없느냐며 매입 의사를 밝히는 등 세심한 관심을 보이기도 했다.

마지막 날은 대학 시절의 은사님이시던 원로 화가 박돈 선생님이 전시장을 찾아 주셨다. 팔순을 넘기셨는데도 흐트러짐 없이 꼿꼿한 걸음걸이로 찬찬히 돌아보시고는 그동안 작품 하느라 고생 많았다며 그림을 배경으로 기념 촬영까지 해 주셨다.

산바람을 주제로 한 엿새간의 첫 번째 개인전 일정이 모두 끝났다. 전시했던 그림 열 점 중 세 점이 내 손을 떠났다. 남은 그림 일곱 점과 빼곡히 채워진 방명록 한 권 그리고 축하 선물로 받은 열두 개의 크고 작은 화분을 싣고 미술관을 나섰다. 피로가 한꺼번에 몰려왔다. 문득 오래전에 돌아가신 부모님의 얼굴이 선명하게 떠올랐다.

"빌어먹기 딱 좋을 환쟁이 노릇 시키려고 미술대학에 보낸 줄 알았더니…?"

"내 뭐랬어요? 미술선생으로 퇴직해 연금을 받을 테니 쪼들려 살지는 않을 게고, 또 여러 사람 앞에 이렇게 구경도 시켜 줘, 거기다가 그림 값이 쌀 스무 가마와 얼추 비슷하다니 이만하면 미술대학에 보낸 게 잘한 일 아니우?"

환한 웃음으로 정다운 말씀을 나누시며 전시장을 둘러보고 가셨을 두 분의 모습이 머리를 스쳤다.

"아버지, 어머니 제 그림 잘 보셨지요? 미술대학에 보내 주셨던 일 후회 안 하시죠? 이제는 걱정 놓으세요. 지난번 꿈속에 오셨을 때 말씀드린 것처럼 아들 둘, 딸 하나 잘 키워 시집장가 보냈더니 손자 넷에 손녀 둘을 두어 이제는 열네 식구가 되었습니다. 초등학교에 다니는 손녀 둘과 외손자 둘 모두 공부 잘하고, 다섯 살배기와 세 살배기 손자도 튼튼하게 자라고 있으니 염려 놓으세요. 이 모두가 다 부모님께서 돌봐 주신 덕분임을 굳게 믿고 있습니다. 앞으로도 잘 보살펴 주세요. 너무너무 감사합니다."

차창을 스쳐 가는 도시의 거리에 어둑어둑 어둠이 내리고 있었다. 다음번 전시회에서는 지금보다 더 좋은 그림을 보여 드릴 수 있겠다는 신념이 가슴을 뿌듯하게 메워 왔다.

토요일 오후

눈발이 흩날리고 있었다. 바람 끝이 매서웠으나 거리에는 많은 사람들이 오가고 있었다. 어디에 무슨 볼일이 있어 그렇게 바삐 서두는지 모두들 종종걸음이다.

추운 날씨만큼이나 잔뜩 웅크린 모습으로 횡단보도 앞에 사람들이 즐비하게 서 있다. 빨강 신호등이 초록색으로 바뀌자 곧바로 우르르 몰려가는 사람들, 마치 출발점에 서 있다가 총소리를 듣는 순간 일제히 달려 나가는 마라톤 선수들 같다. 초록 숫자가 6, 5, 4, 3으로 자꾸 내려갈수록 마음이 다급해져서 저절로 걸음이 빨라진다. 사람의 심리를 교묘하게 이용한 신호체계가 얄밉도록 영리하다는 생각을 하면서 부지런히 뒤따라간다.

걷는 뒷모습도 다르지만 옷차림 또한 각양각색이다. 내복처럼 착 달라붙는 긴 바지에 한여름철에나 볼 수 있을 짧은 치마를 덧끼어 입은 사람도 있고, 콧수염에 말총머리 거기다가 까만 선글라스로 한껏 멋을 부린 서구식의 남자가 있는가 하면 윤이 반들반들한 검정 롱부츠에 고급 모피코트를 훤칠하게 걸쳐 입은 중년 여인도 있다.

눈발이 차츰 약해지고 있었다. 우면산으로 올라가는 비탈길에 띄엄띄엄 흰 눈이 쌓여 있다. 나이 지긋한 몇 사람이 등산복 차림으로 산을 오르고 있었다. 올라야 할지 말아야 할지 망설여진다. 때마침 버스 한 대가 가까이 다가오고 있었다. 예술의 전당 앞을 지나가는 17번 마을버스였다. 어디를 꼭 다녀와야겠다고 작정한 것도 아니고 또 바람결마저 으쓱으쓱 까칠거려서 눈에 익은 차량 번호를 보자 곧 생각이 달라졌다.

새끼주머니에 넣어 두었던 교통카드를 꺼내 찍었다. 돈 빠져나가는 삑 소리와 함께 남아 있는 돈 8,100원이 발갛게 숫자로 잠시 떠올랐다 사라진다. 참 편리한 세상이다. 카드만 있으면 무엇이든 다할 수 있는 세상, 그래서 사람들 지갑 속에는 현금 대신에 카드가 몇 장씩 꽂혀 있다. 물건을 잔뜩 사고서도 끼적거리듯 사인 하나 해 주고 영수증 한 장 받으면 그만이니 비싸다거나 싸다거나 흥정할 일도, 거스름돈을 준비하거나 받을 일도 없어졌다.

간편해서 좋기는 하다. 그러나 사람 냄새가 나지 않는다. 어쩌다 현금으로 계산을 하면 지극히 사무적인 말투로 포인트 카드 없느냐고 지나가듯 물어보는 것이 친절 서비스의 전부다. 사는 것이 윤택해지면 그에 걸맞게 사람의 마음도 살갑고 푸근해져야 할 텐데 가면 갈수록 왜 점점 더 인정머리 없는 세상으로 바뀌는지 알 수가 없다.

예술의 전당에는 토요일 오후답게 많은 사람들이 북적대고 있었다. 한가람미술관 쪽으로 향했다. 밑바닥이 얼기설기 비쳐 보이는 투명 유리계단을 한 발 한 발 조심스럽게 올라갔다.

"깨질까 봐서 마음 놓고 올라갈 수가 없네. 할아버지는 괜찮으세요?"

카랑카랑한 여자 목소리가 바로 머리 위에서 들렸다. 생판 낯모르는 젊은 여자 서넛이 계단을 내려오면서 하는 말이었다. 웃는 얼굴이 내 쪽을 똑바로 향하고 있으니 나를 두고 한 말이 분명했다.

"눈앞이 아른거리지만 그냥저냥 올라갈 만합니다."

가볍게 받아넘기기는 했어도 곰곰이 생각할수록 할아버지라는 말이 귀에 거슬렸다. 머리가 허옇게 센 사람이 어기적거리며 올라오는 것이 안 돼 보이기도 했을 테지만 듣기에 따라서는 위로의 말이 아니라 나이 먹었으면 가만히 집이나 지키고 앉아 있을 일이지 이 추운 날 웬 바깥출입이냐는 핀잔일 수도 있다. 하지만 어쩌랴, 흰 머리칼 감춰 줄 모자를 깜빡 잊고 나온 내가 잘못이지 누구를 탓하겠나?

미술관에는 〈모네에서 피카소까지〉, 〈르네상스와 프레스코화〉, 〈조르주 루오〉의 작품들이 각각 층을 달리해 가며 전시되고 있었다. 보기 드물게 규모가 큰 전시회였다. 층마다 다른 고액의 입장료가 부담스러워 3층의 루오전 하나만을 보기로 했다. 입장권은 일반인 12,000원이었지만 65세 이상 고령자 할인 혜택이 주어져 반값인 6,000원에 관람할 수 있었다.

조르주 루오! 종교적인 주제로 자신만의 독특한 화풍을 이루어 낸 프랑스의 화가, 거리의 여인이나 서커스의 처녀 또는 어릿광대 같이 힘겹게 살아가는 사람들의 육체적 고통과 정신적 고뇌를 함께 나누고자 했던 화가. 그렇듯 어렵게 살아가는 사람들의 진솔한 표현을 통해 삶의 의미가 무엇이고 어디에 있는지를 파헤쳐 보려고 했던 그는 끝내 종교를 찾게 된다. 그리고 수난받는 그리스도의 연작을 그려 냄으로써 자신은 물론 가난한 사람들의 고독까지 위로받고자 했던 화가이다.

터치 굵은 윤곽선을 짓이겨 버리기라도 할 듯 거세게 밀고 당긴 붓 자국이 선명하다. 물감을 마구 칠하고 지우기를 반복하면서 끝없이 정진했을 고독한 예술가의 집념이 보이는 듯했다. 물감을 두텁게 바른 거친 질감의 그림 앞에서는 돋보기를 사용해 가며 화면 구석구석을 세세히 살폈다. 어찌했기에 색채의 연금술사라는 말을 들을 수 있었는지 그 실상을 확인하고 싶어서였다.

관람객이 한두 사람씩 끊이지 않고 계속 줄을 이었지만 신발 끄는 소리조차 들리지 않았다. 가까이 보는 사람 멀리 보는 사람, 잠시 물러서 있다가 뒤따르는 사람을 먼저 보낸 후 오랫동안 그림 앞에 머무는 사람 등등. 진지한 관람 수준에 놀라움을 금치 못하면서 마음속으로 찬사를 보냈다.

조르주 루오와 함께했던 토요일 오후의 두세 시간, 뭔가 의미 있는 시간이었다는 만족감 때문인지 발걸음이 한결 가볍게 느껴진다. 눈발은 멎었지만 바람결은 더 차가웠다. 버스 정류장을 향해 걸음을 빨리 했다.

늙은 개나리

관상을 목적으로 화분에 나무를 심어 그 줄기나 가지를 운치 있게 가꾸는 것이 분재다. 다시 말하면 나무를 다루는 사람의 의도에 따라 새롭게 만들어지는 살아 있는 자연조형물인 셈이다.

취미 삼아 심심풀이로 가꾸는 분재가 몇 개 있다. 그러나 아직 기술이 일천한 데다 고급 수종이나 고급 화분을 택할 만큼 나무에 푹 빠져든 것도 아니어서 그냥 헌 그릇에 흔하디흔한 잡목 몇 그루를 심어 보는 수준에 불과하다.

올해로 서른두 해째를 화분에서 커 온 개나리분재가 하나 있다. 웃자라는 가지들로 키만 멀쑥하게 크는 나무, 뿌리 근처에서 돋아난 여러 갈래의 새 가지들이 이리저리 얽히면서 봄이 오면 화들짝 놀라 제일 먼저 샛노란 꽃이 다닥다닥 매달리는 나무, 부지깽이로 삼 년을 묵혔어도 땅에 꽂기만 하면 산다는 나무, 그냥 뚝뚝 꺾어서 울타리든 언덕배기든 가릴 것 없이 아무데나 묻어 놓아도 영락없이 뿌리를 내리는 참으로 대책 없이 질긴 나무다.

못쓰게 된 뚝배기 그릇에 배수구를 뚫고 심어서 촌스럽게만 보인다. 그러나 예쁘고 색깔 좋은 화분보다 오히려 진짜 토종 개나리를 보는 것 같아서 투박하고 못생긴 뚝배기 분갈이만을 고집해 오고 있다.

조립식 틀 담을 친다며 산울타리를 걷어 내던 이웃집이 있었다. 아등바등 꼬이고 비틀어진 나무들이 무자비한 굴착기에 모지락스럽게 찢겨 나갔다. 내동댕이쳐진 나무들이 아까워 그중 예닐곱 개를 골라 가식해 놓고 뿌리가 살아나는 대로 화분에 옮겼다.

해가 바뀌면서 다른 사람의 손에 넘어간 것도 있고, 관리 잘못으로 시들시들 말라 죽은 것도 있는데 개나리 한 그루만은 여태껏 살아남아 내 곁에서 삼십여 년이라는 긴 세월을 버텨 왔다. 그마저도 죽어 없어질 고비가 여러 번 있었지만 그때마다 땅에 묻었다가 화분에 옮겼다가를 거듭했더니 어찌어찌 다시 살아나곤 했다.

포클레인으로 퍼 올렸을 때부터 그 개나리는 다른 나무들과 사뭇 다른 데가 있었다. 굵기도 굵기지만 밑동부터 뒤틀려 올라간 것이 살려 내기만 하면 제법 그럴듯한 분재가 될 성싶었다. 두 뼘이 조금 못되게 나무 키를 바짝 줄였다. 모양 없이 불거져 나온 굵은 뿌리는 잘라 내고 가지도 많이 솎아 냈다. 몸통이 파이도록 껍질이 깊게 찢겨져 나간 곳은 찰흙을 두텁게 발라 감쌌다.

세월이 흐르면서 심하게 파였던 안쪽이 조금씩 삭아 떨어져 나가더니 급기야는 몸통에 큰 구멍이 생겼고 모진 풍상 다 겪은 나무처럼 뿌리까지 울퉁불퉁해졌다. 아마도 분갈이를 거듭하는 동안 화분을 벗어나지 못하는 뿌리줄기에 울룩불룩 살이 붙은 게 아닌가 싶다.

분재원에 가 보면 나무마다 철사로 꽁꽁 묶여 있는 것을 볼 수 있다. 고목처럼 보이기 위해 일부러 가지를 비틀어 가며 알루미늄 철사를 칭칭 감아 놓은 것이다. 그래야만 짧은 기간 내에 상품 가치가 높아지기 때문이다.

"철사 감기"라는 분재 기술이 아무나 할 수 있을 것 같아도 막상 손을 대려고 하면 생각보다 훨씬 어렵다는 것을 알 수 있다. 가지마다 철사를 둘둘 감아서 적당히 구부리면 될 듯싶은데 말처럼 쉽지가 않다. 억지로 휘어 잡아당겨 놓은 것 같다든지, 밑으로 처져 내린 가지가 생동감이 없다든지, 방향이 서로 엇갈

려서 산만하다든지 아무튼 모양이 지저분하고 조잡스러워서 여간 어색해 보이는 게 아니다.

처음부터 모양이 제대로 된 고급 수종이라면 더 말할 나위 없겠으나 어설프고 촌스러운 잡목일지라도 얼마든지 훌륭한 분재로 키워 낼 수 있다는 생각으로 가끔씩 분재원을 찾았다. 그렇게 분재원을 찾을 때마다 책에서 본 내용들을 눈동냥으로 확인하면서 기본적인 기술을 익혔다.

나무 앞쪽은 껍질이 송두리째 떨어져 나가 새순이 솟아날 기미조차 없지만 오른쪽 뒤편에는 일그러진 몸통을 동그랗게 감싸 오르며 가지 하나가 기막히게 돋아났다. 그리고 또 여러 해를 거치면서 밑동이 뭉클거릴 정도로 굵어지며 새로운 옆가지들을 그럴듯하게 키워 냈다. 너무 길다 싶으면 잘라 주고 촘촘하다 싶으면 솎아 냈다. 어떤 가지라도 한 마디씩만 남긴다는 원칙을 세우고 끈질기게 다듬어 갔다.

겨울에는 남향받이 텃밭에 화분째 묻어 추위를 나게 했고 여름에는 오전에만 햇빛을 받을 수 있게 현관 앞에다가 자리를 만들어 주었다. 그리고는 오며 가며 눈에 뜨일 적마다 아기 돌보듯 그렇게 세세히 보살폈다. 어떤 때는 저 크고 싶은 대로 크지 못하는 것이 마음에 걸렸지만 그래도 내 눈에 띄었으니 이렇게나마 오랜 세월 우아한 모양으로 귀여움받아 가며 다시 살아가는 게 아니냐고 나름대로 위안을 삼아 보곤 한다.

개나리를 뚝배기화분에 처음 옮겨 심던 삼십 대 젊음이 바로 엊그제 같은데 어느새 머리가 하얀 노인이 되었다. 사람이나 개나리나 비록 겉모양은 늙어 주름진 모습이 되었을망정 해마다 샛노란 꽃이 무더기로 피는 왕성한 생명력, 그 싱싱한 색깔에 조금이라도 더 가까이 다가서고 싶은 마음은 아직 늙지 않았다.

나무 밑동의 힘찬 굴곡을 지그시 바라다본다. 문득 '사람도 저렇게 생생한 근육을 꿈틀거리며 오랜 세월 당차게 살아갈 수 있다면 얼마나 좋을까?'라는 생각을 해 본다.

올봄에도 일찌감치 노란 꽃을 소담스럽게 피워 냈다. 손질하는 재미와 바라보는 재미를 한꺼번에 만족시켜 주는 개나리 분재, 투박한 모습 그대로 오래도록 고풍스럽게 늙어 가기를 바라면서 오늘 아침에도 몇 군데 순을 집어 주었다.

정초에 횡재했네!

오늘도 그 시간이 되자 텔레비전을 켰다. 늙어지면 볼만한 프로가 별로 없다고들 한다. 언제부턴가 뉴스나 스포츠 중계 또는 다큐멘터리 같은 몇 가지를 빼놓고는 정말 볼 게 없어 이제는 별수 없이 나도 그런 나이가 되었나 보다 했다.

한동안 역사극에 매료되기도 했지만 두세 개의 방송사에서 마치 무슨 경쟁이라도 벌이듯 쏟아내는 사극 물량이 내 감상 소화력을 무기력하게 했는지 요즘은 그마저도 시들해졌다. 시대를 달리하는 역사극이므로 의상이나 건축물 혹은 작은 소품에 이르기까지 시대에 맞는 연출이어야 사실감이 돋보인다. 그러나 울긋불긋 화려하고 요란스럽기만 할 뿐 시대 구분이 안 돼 모두 거기서 거기처럼 보였다. 게다가 출연 배우도 매번 같은 얼굴에 배역까지 어상반해서 어떤 드라마의 어느 인물인지 헷갈리는 경우가 많다.

그런저런 이유들로 하여 사극에 점점 흥미가 떨어지는가 싶더니 요즘에 와서는 사극이라면 아예 처음부터 보고 싶은 생각이 없어진 것이다. 홈드라마나 개그 토크쇼도 시들하기는 마찬가지여서 선뜻 내키지 않는데, 그래도 보아지는 게 있다면 일요일 오전 시간대에 편성된 〈진품명품〉을 들 수 있겠다.

진품(眞品)을 알아보는 안목과 진품 중에서도 참 진품(珍品)이 무엇이고 그 문화적 가치 기준을 어디에 두고 있는지 조금씩 알아 가는 것이 그렇게 재미있을 수가 없다. 감정위원과 평가위원 간의 재치 있는 문답도 흥미롭지만 소장인이 밝히는 소장 경위 또한 들어 볼 만하다.

육각으로 된 백자투각필통을 앞에 놓고 토론 비슷한 입씨름이 벌어지고 있었다. 내가 판단하기에도 물레성형에 의한 원통형보다는 손으로 빚은 육각이 훨씬 어렵고 또 각각의 면에 문고리처럼 생긴 문양구멍 여덟 개씩을 뚫어 투각도자기로 만들었으니 가치를 높게 평가하는 것이 마땅하리라 생각했다.

같은 도자기라도 문방사우에 관련된 것이나 신분 높은 사람들이 쓴 물건일수록 가격이 높다는 감정 원칙도 이해가 된다. 좋은 재료는 물론이거니와 정교한 솜씨의 격조 높은 예술품이라야만 상류층으로부터 인정받았을 것이기 때문이다. 하물며 궁중에서 임금이나 왕족이 사용했던 것이라면 그야말로 최고 수준이 아니겠는가?

제작 연대가 이백 년 이상 오래된 것이고, 문방사우에 관련된 육각필통인데다 궁중에서 쓰던 섬세하고 우아한 공예품으로 흠집 하나 없이 완벽하게 잘 보존되었다는 것이 감정위원이 내린 최종 감정 결과였다.

평가액이 무려 삼억 원! 기절하리만큼 놀란 사람은 소장인이었다. 스스로 써 낸 예상가가 백만 원이기 때문이다. 자신이 생각하고 있던 것보다 삼백 배나 더 높은 평가가 나왔으니 왜 안 그렇겠는가? 어느 누구도 감히 상상할 수 없는 고액으로 평가되자 출연진이나 그것을 보고 있던 나까지도 입이 다물어지지 않았다. 얼마나 놀라고 가슴이 뛰었으면 벌겋게 달아오른 소장인의 얼굴에 땀방울까지 맺혔겠는가?

웃어른께서 물려주셨다고는 해도 금방 구워 낸 새 도자기처럼 너무 깨끗해서 그리 오래된 필통이 아니거니 했단다. 다만 진품인지 아닌지 그것만 알고 싶어서 가지고 나왔다는 그의 말속에 겸손함이 내비치고 있었다.

진품인 것만도 감사할 일인데 엄청난 보물로 판명되었으니 방송에 나오기 전과는 비교할 수 없을 정도로 품격이 높아졌다. 갑작스런 가치 수직상승으로 오히려 낯설어 뵈는 투각필통, 이제는 그냥 필통도자기가 아니라 상서로운 기운을 담고 있는 신비한 물건으로 다시 태어난 것이다.

“그 양반 정초에 횡재했네!”

설 쉰 지 사흘째 되는 날 생각지도 못할 큰 복을 받았으니 그보다 더 큰 기쁨이 어디 있으랴. 어쨌거나 소장인은 복을 받아서 좋고, 나는 또 하나의 감정 기준을 배웠으니 좋고 이래저래 기분 좋은 정초를 보낸 것이 흡족했다.

지난여름이었지 싶다. 역시 〈진품명품〉 시간이었는데 지방 순회 출장 감정이 진행되고 있었다. 문인화 한 점을 들고 나온 사람이 얼핏 눈에 익었다. 잘못 봤나 싶어 유심히 바라보았지만 틀림없이 내가 아는 사람이었다. 이십여 년 전에 가까운 지인으로부터 받은 선물이라고 했다. 종이가 누렇게 바래서 꽤 오래된 그림인 듯싶어 진위 여부가 궁금해 가져온 것이라고 했다. 값을 매길 수 없다는 감정 결과가 나왔다. 모조품이었던 것이다. 낭패한 얼굴로 돌아서는 그를 보면서 “괜한 프로를 만들어서 사람 속을 뒤집어 놓네.”라고 마치 내가 그 사람이라도 된 듯 툴툴거렸던 것이다.

나 역시 도자기 몇 점을 갖고 있다. 이 시간에 보고들은 지식을 총동원하여 세세히 살펴보았지만 진품이라면 몰라도 명품이 아닌 것은 확실한 듯하다. 글 읽는 선비의 물건도 아니고 그렇다고 정교한 솜씨라고도 볼 수 없는 호리병과 작은 항아리에 불과하기 때문이다.

조상 대대로 물려받았다면 그런대로 뜻이 있을 테지만 어쩌다 오며 가며 수집한 것이어서 수집 이상의 의미를 두고 싶지 않다. 가끔씩 꺼내 먼지를 닦아 주는 것으로 만족하고 있을 따름이다.

가격이 높으면 어떻고 또 값이 없으면 어떠랴. 옛 물건을 소중히 보관하고 있다는 것, 크게 값나가는 것은 아니지만 나도 뭔가 후손에게 물려줄 것이 있다는 것. 그래서 〈진품명품〉 시간 때마다 눈여겨보고 듣는 재미를 한껏 느낄 수 있다면 그것만으로도 즐거운 일이 아니겠는가?

어머니의 위편삼절

위편삼절(韋編三絕)이라는 말이 있다. 공자가 주역을 어찌나 즐겨 읽었던지 책의 가죽 끈이 세 번이나 끊어졌다는 고사에서 나온 말이다. 한 권의 책을 너무 많이 읽어서 책을 맨 가죽 끈이 몇 번씩 끊어질 정도였다면 책의 내용은 물론이며 책을 가까이하고 소중히 여기는 마음 또한 지극정성이었을 것이다.

옛날 어머니께서 보시던『춘향전』과『심청전』이 그랬다. 큰 글씨로 인쇄된 책장이 스물대여섯 장에 불과해서 요즘처럼 눈으로 읽는 속독법이라면 단 몇 분 만에 읽어 버릴 수 있을 그런 책이었다.

닷새마다 서는 마산 장날에는 별별 신기한 물건들을 구경할 수 있었다. 장바닥 여기저기에 늘어놓은 여러 종류의 생활용품과 울긋불긋한 옷가지들, 그리고 침을 삼키게 하는 푸짐한 먹거리에 이르기까지 그야말로 없는 게 없었다.

이야기책이나 책력 또는 넓적한 부채를 곁들여 팔던 책장수 할아버지, 이름 석 자를 그림으로 풀어내면서 재빠른 혁필 솜씨를 자랑하던 이름 모를 어느 민화가 아저씨, 동동 구리무 장수의 신명나는 아코디언 소리, 구수한 냄새가 진동하도록 펄펄 끓어오르는 순대국물, 팔려나갈 것이 두려운지 꽥꽥 울어 대는 돼지새끼며 강아지 울음소리 등등 장터 구석구석이 하루 종일 시끌벅적했다.

장이 서는 날, 어머니는 여러 날 모아 놓은 달걀꾸러미로 성냥이나 비누 같은 생필품과 바꿔 오시곤 했다. 그렇게 장을 다 보신 후에는 꼭 책 난장에 들러 거기 늘어놓은 책들을 유심히 바라보시곤 했다. 그러나 끝내 책을 사 오시지는 못했다. 몇 번씩이나 책을 만지작거리다가 그냥 돌아서는 것이었다.

어느 날 아버지께서 몇 권의 책을 불쑥 건네주셨다. 그게 바로 『춘향전』, 『심청전』, 『장화홍련전』, 『흥부전』이었다. 책을 보고 환하게 웃으시던 어머니, 비록 짧은 순간이었지만 그때 아버지를 바라보시던 어머니의 눈길은 형언할 수 없는 행복감에 젖어 있었다.

책장이 떨어져 나갈까 봐 비료부대 종이를 겉표지 위에 다시 겹쳐 붙이고 그도 모자라 두툼한 실로 총총 꿰맸다. 그렇게 꿰맨 책을 매일 밤 가물거리는 등잔불 밑에서 염불 외우시듯 조용조용 읽어 나가셨다. 바야흐로 어머니의 위편삼절이 시작된 것이다.

그 시절에는 한글을 깨친 어른이 그리 많지 않았다. 더구나 어머니 연배에서는 더욱 그랬다. 농사짓는 촌 아낙네가 책을 가까이 한다는 게 당시로서는 생각조차 할 수 없는 일이었다. 나는 어머니가 그래서 자랑스러웠다. 지금 이 시대에도 독서는 분명 그 사람의 교양을 말해 주는 고상한 취미이기 때문이다.

『춘향전』과 『심청전』은 수십 번도 더 읽으셨다. 어쩌면 몇 쪽 몇 줄에 무슨 이야기가 쓰여 있다는 것까지 다 외우고 계셨는지 모른다. 어쩌다 변 사또나 심청이의 이야기가 나오면 책을 펼쳐 변 사또의 악행을 짚어 가며 나무라셨고, 심청이의 효행이 참으로 눈물겹다면서 그 대목을 몇 번씩이나 다시 읽으시곤 했다.

책을 읽기 시작하고 나서 얼마 후부터는 서툰 글씨로나마 아이들 공책에다 비록 작은 액수지만 돈이 들어오고 나간 날짜와 이자까지를 또박또박 적어 나가고 계셨다. 셈하는 법을 어디서 누구에게 배워 터득하셨는지 실로 놀랍기만 했다. 아마도 우리들 몰래 아버지께 배우신 것이 틀림없다고 식구들은 믿었다.

검은 칠을 한 삼층장이 윗방에 있었다. 장롱의 아래 문 안쪽에 치부책과 연필을 꽂아 두시고는 동네 사람이 왔다 간 날마다 꺼내서 다시 기록하곤 하셨다. 그런 날은 틀림없이 이자를 쳐서 돈이 들어왔거나 아니면 돈을 빌려준 날이었다. 그런 날일수록 더 철저하게 자물쇠 단속을 하셨다.

낮에는 하루 종일 농사일에 매달렸고, 비 오는 날은 재봉틀로 헝겊 조각을 이어 붙여 밥상보를 만드셨다. 그리고 밤에는 책을 읽으셨다. 아무리 힘들어도 거르는 날 없이 단 한 줄이라도 책을 읽으신 후에야 잠자리에 드는 것이었다. 위편삼절이란 바로 그런 것을 두고 하는 말이리라. 그러나 나는 지금껏 그래 본 일이 없으니 그 옛날 어머니의 독서에 비하면 내가 해 온 책 읽기는 참으로 부끄럽기 한량없다.

사전오기나 칠전팔기 같은 말이 있기는 하다. 어렵고 힘든 고비를 이겨 낸 고시생을 두고 하는 말일 터이다. 그러나 그것은 목표에 도달하고 말겠다는 욕심에서의 독서일 뿐 위편삼절이 갖고 있는 순수한 집념과는 거리가 멀다.

옛 시대라고 해서 얽히고설킨 복잡다단함이 오늘날에 비할 바가 못 된다고 할지 모른다. 그러나 인간사만큼은 시대와 사는 방법이 다를 뿐 예나 지금이나 의식에서는 크게 다를 바가 없는 법이다.

텔레비전이나 비디오를 보면서 웃고 즐기는 일회성의 편리함보다는 읽고 생각하고 새겨 보는 진지한 독서, 옛날 어머니가 하셨던 것처럼 책과 한 몸이 되는 그런 독서가 될 수 있도록 위편삼절의 의미를 두고두고 새겨 보아야 할 것 같다.

산너울

개 짖는 소리가 바람결에 간간이 묻어오고, 대숲에 날아든 새떼가 서둘러 날갯죽지에 고개를 움츠리는 밤. 별빛 총총한 하늘도, 거무스름하게 눌러앉은 어둠 속 풍경의 옹졸한 웅크림도 모두 꽁꽁 얼어붙는 겨울밤은 그렇게 초저녁부터 깊다.

자동차 불빛이 위아래로 출렁이며 인적 끊긴 동네 앞 큰길을 돌아 나간다. 아마도 마을 사람 누군가 택시를 타고 들어온 모양이다. 불빛이 사라진 들녘은 또다시 칠흑 같은 어둠 속에 빠져들었다.

오늘 밤도 내 작업실은 늦게까지 불이 켜져 있다. 벌써 며칠째 끝을 맺겠다고 별러 온 그림 때문이다. 산허리에 얹혀 있는 안개구름으로 시선이 옮아간다. 지우고 다시 그리기를 십수 번도 더 했지만 아직도 뭔가 미심쩍은 데가 있어 자꾸 마음이 쓰인다.

산바람, 산그늘, 산자락, 산 구름, 산너울, 산울림… 허구한 날 왜 산 그림뿐이냐? 불쑥 들이민 질문에 그냥 산이 좋아서라고 대답한다. 들려줄 말이 고작 그것밖에 없어서다. 눈에 비친 산과 마음속의 산, 머릿속을 넘나들며 새롭게 탄생하는 산, 닮은 듯하면서도 닮지 않은 산, 일 년 사계절 시간을 달리해 가며 만들어 온 산인데 도대체 산 그림에서 무엇을 얻겠다고 그토록 헤어날 줄 모르는지 나 스스로도 알 수가 없다.

수천수만 년 제자리만 지켜 왔다는 우직함이 믿음직스러워서인가? 아니면 신비로움으로 가득 찬 산의 속내 때문인가? 가슴속에 산을 품고 살아가는 산사람처럼, 평생을 산 그림으로 살다 간 화가들처럼, 나 역시도 그렇게 산을 떠나서는 살 수 없고 산을 그리지 않고는 한시라도 못 배길 그런 사람이 되기를 은근히 바라고 있는 게 아닌지 모르겠다.

어렸을 적부터 들녘 건너 산, 산 너머 산으로 건너뛰는 산너울을 보면서 자랐다. 산은 왜 모두 삼각형을 닮았는가? 높고 낮은 산봉우리들로 넘실거리는 산너울은 어디로 이어지는가? 너울이 끝나는 산자락 동네에는 어떤 사람들이 살고 있는가? 그저 모든 것이 다 궁금할 뿐이었다.

내가 다니던 초등학교도 바로 산자락 밑이었다. 운동장 끄트머리에 잇닿은 골짜기를 타고 잠시 오르다 보면 일본 사람들이 금을 캐 가려고 파 놓았다는 어두컴컴한 금광이 입을 딱 벌리고 있었다. 미술 시간에는 연못 둘레의 너럭바위에 올라앉아 금굴이 있는 산을 그렸다. 커다란 초록 삼각형에 길쭉한 동그라미를 시커멓게 그렸다. 강산이 여섯 번씩이나 바뀔 만큼 숱한 세월이 흘렀는데 지금도 그때와 어상반한 산이 그려지는 것을 보면 예나 지금이나 그대로인 것은 오직 산밖에 없는 듯하다.

이등변삼각형 비슷한 산봉우리를 여러 개씩 겹친다든지, 시각적 눈속임으로 표현되는 투시원근법이나 색채원근법을 적용시킨다든지, 중첩된 색깔의 궤적을 이끌어 내기 위한 테크닉이 아니라면 그 옛날 도화지를 꽉 차게 그린 산 모양과 크게 달라진 것이 없다.

유리창 아래쪽부터 성에가 끼는 것으로 보아 밤이 이슥해지면서 날씨가 더 추워지는 모양이다. 현관 입구에 매달아 놓은 워낭 풍경 소리가 투명하게 땡그랑거렸다. 시간이 자정을 넘어가고 있었다. 오늘 밤에는 기어코 끝내야 한다. 벌써 두 달째 끌어 온 그림이 아니더냐?

작업을 마무리할 마지막 사인을 한 뒤에도 몇 번씩 손을 대는 일이 다반사고 보면 내 그림에서 완성이란 말은 가당치도 않다.

하기야 어디 내 그림뿐이겠는가? 어떤 작가라도 세상에 아직 살아 있는 한 그의 작품은 모두 습작에 불과하다고 하지 않던가?

사방 벽에 걸린 산 그림들을 둘러보고 있노라면 산자락이며 산봉우리가 마치 바닷물처럼 스멀스멀 움직이고 있는 것 같아서 영락없는 산너울을 연상케 한다.

하얀 구름조각이 팔부능선에 걸려 있고 산자락을 따라 낮은 구름이 길게 누워 있다. 골짜기를 누비는 바람 소리와 물소리, 등성이 너머 사람 사는 소리까지 들어 가며 십 년, 이십 년 아니 그보다 훨씬 더 먼 옛날로 거슬러 올라간다. 그렇듯 그림 속에 깊숙이 빠져들었을 때 비로소 하나의 대답을 생각해 낸다.

오랜 세월 산 그림에서 떠나지 못하는 것은 차마 산을 버릴 수 없기 때문이다. 산 그림으로 일가를 이루든 못 이루든 아무 상관이 없다. 젊어서는 한때 욕심을 부려 보기도 했지만 이제는 그 세월이 다 지났다. 무거운 짐 훌훌 벗어 놓고 홀가분한 마음으로 산자락, 산너울을 살펴볼 일만 남았다. 보이는 그대로도 좋고, 가슴에 느끼는 대로도 좋다. 그냥 하고 싶은 대로 꾸미고 만들면서 남은 인생을 오로지 산과 함께 살고 싶을 따름이다.

감상자가 나 혼자로도 족한 늦은 밤 시간, 또 하나의 산너울이 탄생되고 있다. 그러나 오늘도 역시 미완성 작품으로 끝날 것이 틀림없다.

두레가락

내 고향 "진등"은 수려한 산줄기가 병풍처럼 둘러 있는 산골 동네도 아니고, 역사적인 흔적이 남아 있는 유서 깊은 동네도 아니다. 어디서든 흔히 볼 수 있는 평범한 시골 마을에 불과할 뿐이다. 노령산맥에서 갈라져 나온 산줄기가 약해지면서 남서쪽으로 지네처럼 길게 누웠는데 그 등성이의 허리 부분에 얹혀 앉은 곳이 우리 동네다.

지네의 머리 쪽에 "닭다리 펀디기"라는 언덕마을이 있었다. 거기서 상극 관계인 지네와 닭이 만나 싸움을 벌인다고 했다. 상극이 공존하는 곳은 둘 모두의 기를 꺾어 놓아야 편안해진다고 했다. 이곳에 군부대가 들어선 것도 어찌 보면 그런 풍수지리 때문이라는 게 어렸을 적 동네 노인들의 입담이었다.

옛날의 고향 풍경은 아늑하고 따뜻했다. 정지용의 「향수」에서처럼 실개천이 휘돌아 나가는 그림 같은 곳이었다. 불금보에서 흘러내린 물길이 한 갈래는 구러 들판을 적시면서 솔무데기를 지나 소막골로 이어지고, 또 한 갈래는 댐뱃들을 휘돌아 화석으로 흘러들었다. 소룡골과 지내기보에서 흘러나온 물은 마산천을 지나 더르메로 흐르는데 급기야는 모든 물골이 화석에서 만나 서촌을 거쳐 신화로 이어졌다. 그 시절의 청정했던 물길, 대나무 소쿠리 하나로 심심찮게 미꾸라지와 하얀 붕어들을 건져 올릴 수가 있었다.

농사꾼에게는 뭐니 뭐니 해도 물이 제일이었다. 땡볕이 내리쬐는 여름날은 사나흘만 가물어도 두레질을 했다.

하나로오세, 둘이 되이면, 서이 가서, 너이로구나…

쉰하나요, 쉰두울이, 쉰셋이라, 쉰넷이고, 쉰다섯이…

아흔아홉이, 백이로구나, 백이 하나요, 백이 둘이고, 백이 서이…

이백이로세, 이백하나요, 이백두울이, 이백서이고…

낭랑하셨던 아버지의 목소리, 구성진 가락의 숫자 세기를 아버지는 “두레가락”이라고 하셨다. 두레가락은 삼백에 이르러서야 겨우 한숨을 돌리곤 했는데 삼백까지를 서너 차례 더 해야만 물 퍼 올리기를 끝낼 수 있었다.

두레질에서 가장 중요한 것은 두 사람의 행동 통일이다. 서로 맞잡은 두레 줄의 길이도 같아야 하지만 두레가 물에 잠길 때의 허리 꺾기나, 퍼 올릴 때의 순간적인 힘도 같아야 한다. 허리를 뒤로 젖히면서 팔을 탁 채는 순간 철썩 소리를 내며 물이 떨어져 나가는데 두 사람의 동작이 일치하지 않고서는 흥겨운 두레질을 계속할 수가 없다. 구성진 가락은 그래서 필요했다. 박자에 맞춰 한 동작씩 만들어 내는 이 흥겨운 가락을 어쩌다 놓치기라도 하면 단번에 두레 줄이 엉켜 버려 연속 동작을 할 수 없게 된다.

지독한 가뭄이 계속되던 어느 해 여름이었다. 지내기보는 식수원 확보가 먼저라며 철저히 통제되었다. 작은 둠벙 물도 이미 말라붙었다. 논바닥이 쩍쩍 갈라지며 타들어 갔지만 어디서든 물 한 모금 끌어다 댈 수가 없었다.

아버지의 엄명으로 빨랫물이나 세숫물, 심지어는 설거지물도 그냥 버려지지 않았다. 부엌에서 나온 허드렛물과 펌프질로 동이 나도록 퍼 올린 우물물을 댐뱃들과 솔무데기 논으로 실어 날랐다. 콩나물시루에 물 뿌리듯이 그렇게라도 땅을 적셔 주어야 한다면서 가뭄과 싸웠다.

천수답 농사에서는 논물 대는 일에 사활을 걸어야 한다. 가물 때는 형제간에도 논두렁에서 실랑이가 벌어지고 때로는 무서운 싸움으로까지 이어졌다.

물에 대한 간절한 소망이 기우제를 만들어 냈을 테지만 봄부터 여름까지 비가 자주 내려 주는 해는 그야말로 거저먹기 농사를 짓는 거나 다름없었다. 도랑물이 졸졸거리니 언제든 물꼬만 돌리면 되는 일이고, 둠벙마다 물이 차 있으니 두레타령을 부를 여지가 남아 있었다. 물 걱정이 없는 해는 풍년을 예고하는 것이나 마찬가지여서 저절로 힘이 솟고 흥이 났다.

오늘의 들녘은 어떤가? 바둑판처럼 잘 짜인 논배미에는 배수구가 설치되고 수리조합에서 공급되는 물은 넘치듯 출렁거린다. 제초제, 살충제를 때맞춰 살포하는 통에 논바닥 기어 다니며 풀 맬 필요도 없고, 폭삭 주저앉은 벼 포기에 한숨 질 일도 없고, 논두렁 깎는 일에 며칠씩 땀 흘릴 걱정도 없어졌다. 모심기에서 탈곡까지 모든 일을 기계가 대신해 주니 탈곡한 벼 포대를 곧장 건조장으로 옮기기만 하면 한 해 농사가 끝나게 된다. 두레타령을 부르던 그 옛날과는 비교할 수 없는 세상이 되어 버린 것이다.

불금보, 댐뱃들, 송날, 구러, 솔무데기, 더르메, 소막골 등 옛 들녘이름은 흔적조차 찾을 수 없고 아무개 사장님의 무슨무슨 농장으로 그 이름들이 바뀌어 갔다. 상전벽해(桑田碧海)라는 말이 어디 내 고향에만 해당될 말이겠느냐만 불과 반세기만에 변해도 엄청나게 변했다.

고향이 현대화되있으니 흥겹던 두레타령은 이제 그 어디에서도 들을 수가 없다. 마을 안길 포장한다며 나무들이 송두리째 잘려 나간 후로는 때까치 울음소리도 들리지 않고 시커멓게 하늘을 뒤덮던 까마귀 울음소리도 들리지 않는다. 들녘을 휘돌아 나가던 실개천 역시 배수관으로 연결되어 자취를 감추어 버린 지 오래다. 다만 사진첩에 끼워 둔 빛바랜 흑백사진을 뒤적이며 추억을 되새김질하거나 옛이야기 끝에 한두 마디씩 입에 오르내릴 뿐이다.

고향의 계절

양재동 농산물시장에 갔다가 꽃집에 들러 튤립알뿌리를 샀다. 흰색 두 알, 노란색 두 알, 빨강색 한 알을 팔천 원에 샀다. 거스름돈을 넘겨받으면서 덤으로 묻어 온 봄날 햇살까지 꼬깃꼬깃 접어 안주머니에 넣었다. 가슴이 따뜻했다.

토요일 한낮, 몇 집 걸러 돌아온 햇살이 잠시 양지로 머물다 가는 남향받이 옥상에 봄날 봄볕이 찾아온 것이다. 불가마 냄새 아직 덜 가신 질그릇화분에 눈대중으로 정오각형 점을 찍고 허비적거려 작은 구덩이 다섯 개를 팠다. 알뿌리 묻어 주는 일은 손자 손녀가 맡았다.

겨우내 닫혀 있던 창문을 활짝 열고 봄을 들이는데 앞니 빠진 미운 일곱 살 우리 집 맏손자가 제일 바쁘다. 새 꽃 새잎 피우기가 마치 제 손에 달려 있기라도 한 것처럼 고물고물 작은 손등에 흙물이 들었다.

정월 입춘은 하늘에 봄이 오고, 이월 경칩은 땅으로 봄이 오고, 삼월 청명은 사람에게 봄이 온다 했는데 하필이면 청명을 코앞에 둔 날 진눈깨비가 내렸다. 그런 이상기온이 계절을 되돌려 놓는 시간새김질이라면, 그래서 자꾸만 태엽이 거꾸로 돌아가 세월을 적잖이 유턴시켜 한 이십 년 족히 젊어질 수 있다면 동해바다의 거친 파도부터 지리산 중턱의 안개구름까지 또한 번 우렁차게 내 것이 되지 않으랴?

봄은 사람의 마음을 간질인다. 외진 산자락 돌아 나오는 어느 사찰의 먼 종소리가 아니어도 지그시 두 눈 감기는 봄의 향기, 살아 있는 그 꿈틀거림에 경탄을 금치 못한다.

봄 싹 틔울 단단한 씨앗 챙기기에 다리가 열 개라도 모자랄 산골 농부의 잰걸음이나 바닷바람 매섭게 몰아치는 돌섬에서 굴을 따는 어촌 아낙네의 바쁜 손길도 이런 봄날에는 솜처럼 포근한 햇살에 가슴 설레지 않을 수 없으리라. 집 떠나 십 년이면 고향도 타향살이 된다고 했지만 가슴에 화롯불 담고 줄행랑친지 오래였던 사람조차 봄이 오면 귀농해 다시 돌아오는 것을 보면 봄은 분명 고향의 계절임에 틀림없다.

나 역시도 퇴직하자마자 곧바로 올라왔으니 고향 집을 떠난

지 어느덧 십 년 세월이 다 된다. 고향을 아주 등진 게 아니라 일 년에 두어 달 정도는 머물다 오지만 어쩐 일인지 해가 바뀔수록 서먹해지는 느낌이다. 지난겨울에는 너무 추워서 오래 못가 있었으니 청명 지나고 나면 며칠 다녀오리라 마음먹는다.

펑퍼짐한 들녘이 훤히 내다뵈는 흙 마당에는 지금쯤 때 이른 잡초들이 무성하게 올라왔으리라. 앵두, 감, 보리수, 대추나무는 아직도 헐벗은 몸 그대로일 테지만 모란이며 작약, 원추리 같은 것은 새순이 제법 컸으리라. 한겨울에도 제 색깔을 잃지 않는 소나무, 향나무는 내내 푸를 것이나 진달래와 개나리 그리고 매실 꽃과 여린 수선화는 이제야 막 꽃망울을 터뜨렸으리라.

고층 빌딩 즐비한 도시 한복판에서야 들녘의 봄을 상상이나 할 수 있겠냐만 그래도 세 평 남짓한 지붕마당이 있어 바람 한 자락 맘 편히 맞을 수 있으니 그것만으로도 크나큰 은혜가 아니냐?

우면산자락에 어둑어둑 어둠이 내릴 무렵이면 나도 모르게 마음이 숙연해진다. 아마도 손 뻗으면 금세 고향이 닿을 듯해서 산 너머로 급히 날아가고 싶은 그리움 때문이리라. 비록 호호백발이 되더라도 때가 되면 고향에 들어가 살 것이라는 스스로의 약속을 잊지 않는다. 온갖 나무들이 늙어서 더 아름다운 것처럼 아름답게 늙은 귀향이 될 수 있도록 매일매일 빈 마음 만들기에 공을 들여야겠다.

새싹 돋는 봄이든, 비구름 몰고 다니는 장마철이든, 하얀 구절초 흔드는 산들바람과 빈 가지에 차가운 설편 휘날리는 계절이 매번 쳇바퀴 돌 듯 심심하게 반복되더라도 그 모두를 내 것으로 만들 수 있는 아량에 길을 들여야 한다.

세월의 더께가 깊어 하루하루 몸은 늙어 가지만 살아 있는 모든 것에 희망을 걸 수 있어야 하고, 평생 해 온 일에 게으름 피우거나 헛된 욕심으로 시간을 낭비해서도 안 된다. 뒤늦을망정 마음에 드는 책 한 권 낼 능력이 갖춰진다면 혹 모를까 문력이 따르지 않는 허욕에 이름을 남길 생각도 갖지 말아야 할 것이다.

자연의 순리가 내 꿈을 멈추게 하는 그날까지 꽃과 나무를 성심껏 살피고 가꾸면서 내게 주어진 값진 일상이 퇴색되지 않도록 분수에 맞게 소중한 추억들을 만들어 가리라. 먼 훗날, 후손들로부터 적어도 부끄러운 삶이 아니었다는 소리를 듣기 위해서라도 뭔가 뜻있는 인생이었음을 기록해 놓아야 될 것이 아닌가?

해가 중천에 떠 있다. 이 집 저 집 돌고 돌아 밝은 빛 골고루 나눠 주다가 우리 옥상에도 잠깐 머물러 주는 햇살, 때맞춰 깔깔대는 손자손녀의 해맑은 웃음소리가 할아버지의 헛기침 소리에 잘 어우러지는 화창한 봄날이다. 이런 기분이라면 오늘 밤만큼은 지난겨울부터 미뤄 온 그림에 마지막 사인을 해 넣어도 괜찮을 듯싶다.

● 잔설 65.1 X 53.0 캔버스에 유채 2006

4부

두 번째 산바람전

산자락 아래로 포근히 눌러앉은 촌가 몇 채, 텃밭 너머로 이어지는 하얀 들녘, 소나무 한 그루 외롭게 서 있는 겨울 산가, 응달진 바위 밑에 희끗희끗 웅크려 있는 잔설 풍경 등 어디서나 흔히 볼 수 있는 것들을 "습윤유채"로 그려 보았다. 습윤유채는 사전에 없는 말이다. 내가 필요해서 습윤과 유채를 한데 묶어 놓았기 때문이다. 유채화에서는 물감을 기름에 풀어 쓰므로 습윤이란 말이 적절치 않겠지만 촉촉이 젖은 듯한 화폭을 만들고 싶었기 때문이다.

아름다운 여름밤에

낮 더위가 삼십 도를 웃도는 한여름이다. 간간이 불어오는 바람결마저 없다면 체감 온도는 그보다 훨씬 더 높을 것이다. 불볕에 달궈진 기온이 워낙 높아서였는지 밤늦도록 눅눅한 더위가 가시질 않는다. 벌써부터 열대야가 시작된 것일까?

밤하늘에는 비구름 같은 시커먼 구름덩이가 서서히 동쪽으로 이동하고 있었다. 기왕에 몰려올 것이라면 비바람이라도 한 줄금 시원하게 퍼부어 주면 얼마나 좋으랴.

무더운 여름밤은 텔레비전의 밝은 화면에서조차도 열기가 느껴진다. 그러니 소리만 들을 수 있는 라디오가 차라리 더위를 잊는 데는 제격일 수밖에. 간편한 이동식 라디오를 머리맡에 두고 이리저리 돌려 가며 음악 채널에 맞춘다. 이런 때는 흘러간 팝송이나 노랫말 없는 경음악이 좋다. 현란한 가창력이나 가사에 신경을 쓰지 않아도 되고, 감각적이고 변화무쌍한 고성에 말초신경을 곤두세울 필요가 없기 때문이다. 흘러간 노래는 곡 자체가 대체로 순한 데다 노랫말 또한 다분히 감성적이어서 마음을 가라앉히기에 최적이 아닐까 싶다.

조용한 경음악이 흐르고 있다. 많이 들어 본 듯한데 곡명이 가물가물하다. 아무렴 어떠랴 싶어 더 이상 떠올리려 하지 않는다. 그러고는 멜로디를 따라간다. 콧노래도 아니고 휘파람도 아닌 가슴속의 소리로 가만가만 따라 부른다.

누군가 고운 목소리로 시를 낭송하고 있었다. 꿈결 같은 목소리가 피아노 소리에 맞춰 높낮이를 달리하고 있었다. 홀을 가득 메운 커다란 원탁 다섯 개, 한 식탁에 대여섯 사람씩 둘러앉아서 담소를 하고 있었다. 하얀 스카프를 머리에 두른 깔끔한 중년 여인이 연신 음식을 나르고 있었다. 어디선가 많이 본 것처럼 낯익어 뵈는 늙수그레한 남자 가수가 식탁 앞에 꾸며진 작은 무대 위로 올라섰다. 눈을 지그시 감고 마이크를 양손에 다소곳이 쥐고는 노래를 부르기 시작했다.

지금 그 사람 이름은 잊었지만 / 그 눈동자 입술은 내 가슴에 있

네 / 바람이 불고 비가 올 때도 / 나는 저 유리창 밖 가로등 그늘의 밤을 잊지 못하지 / 세월은 가도 사랑은 남는 것 / 여름날의 호숫가 가을의 공원 / 그 벤치 위에 나뭇잎은 떨어지고 나뭇잎에 덮여서 / 우리들 사랑이 사라진다 해도 / 내 서늘한 가슴에 있네.

시인 박인환의 「세월은 가도」였다. 굵지도 가늘지도 않은 정겨운 소리, 약간의 탁음이 섞인 목소리가 호소력을 더해 주는 듯했다. 가수의 노래가 끝남과 동시에 나 역시도 지그시 감았던 눈을 떴다. 그런데 이것이 도대체 어찌된 노릇인가? 늙수그레한 가수는 어디 가고 놀랍게도 내가 무대 위에서 요란한 기립박수를 받고 있지 않은가? "앵콜", "원스어게인" 같은 술기 오른 목소리가 여기저기서 폭죽처럼 터져 나왔다.

'아니! 내가 왜?' 하는 소리에 내가 놀랐다. 꿈이었다. 신나도록 즐거운 한마당 꿈이었다. 고전소설 『구운몽』이나 『옥루몽』의 주인공처럼 꿈속에서 꿈을 꾼 것일까? 생뚱맞게 무대는 무엇이고 가수는 또 무엇이란 말인가? 원탁에 둘러앉아 음식을 나누는 장면이야 충분히 그럴 수 있다고 치자. 왜냐하면 문학동인지 『수필예술』 출판 기념회를 회전식 원탁이 있는 홀에서 주로 열어 왔기 때문이다.

알 수 없는 일은 노래를 부르던 가수였다. 어딘지 낯익어 뵈던 늙수그레한 남자 가수, 그가 처음부터 다른 사람이 아니고 나였다면 노래 부르는 나를 내가 본 것이 아닌가? 참으로 알 수 없는 노릇이었다.

꿈을 깨고서도 한동안 비몽사몽간을 헤매듯 어리둥절했다. 그러나 비록 한마당의 꿈이었을망정 나로서는 가히 상상도 할 수 없는 무대에서 큰 박수를 받아 가며 한 곡 뽑았으니 이보다 더 유쾌한 일이 어디에 또 있을까? 생시에서도 그렇게 기립박수를 받는 노인가수가 되어 여러 사람 앞에서 멋들어지게 노래를 부를 수 있다면 얼마나 좋을까?

머리맡에서는 아직도 음악 소리가 끊이지 않고 있었다. 라디오를 켜 놓은 채로 잠깐 잠이 들었던 모양이다. 구름이 멀어져 간 밤하늘은 별빛이 더욱 초롱초롱 빛났다. 바람결도 훨씬 시원해졌다. 더위를 잊기 위해 선택한 음악 채널이 나를 꿈속의 가수로 만들어 준 오늘 밤이야말로 진정 아름다운 밤이 아닌가?

시간이 자정을 넘어가고 있었다. 억지로라도 잠을 청해 조금 전에 꾸었던 아름다운 꿈을 다시 이어 가야겠다.

볼마루의 눈물

볼마루는 논산시 부적면 신풍리에 위치한 작은 산동네다. 그 볼마루 북쪽 산기슭에 탑정 저수지의 은빛 물결을 지그시 내려다보는 소박한 묘 하나가 있다. 백제와 운명을 함께한 계백 장군의 묘다.

한강을 사이에 두고 그 유역을 선점하기 위해 전쟁을 불사하던 삼국의 생존권 사수, 밀고 밀리는 힘겨루기에서 백제는 한때 한강 상류 깊은 곳까지 국력을 과시하기도 했다. 그러나 신라와 고구려를 번갈아 가며 상대한 빈번한 전쟁은 국고를 소진시켰고 결국은 그로 인해 국력이 극도로 약화되기에 이르렀다. 거기다가 무왕과 의자왕의 계속된 실정이 겹치면서 백제의 국운은 풍전등화처럼 가물거리는 위기 상황으로 치닫게 된다.

660년, 의자왕이 왕위에 오른 지 스무 해. 마침내 나·당연합군의 침략을 받게 되었으니 자만에 빠져 있던 백제궁의 부귀영화가 일거에 끝나는 순간이 오고 만 것이다. 백마강을 따라 상륙한 당나라 소정방의 13만 대군과 황산벌에 집결한 김유신의 신라군대 5만을 앞에 두고 백제는 과연 어떤 모습이었을까? 충정 어린 울분에 치를 떨며 군신이 똘똘 뭉친 한마음으로 나라에 몸 바치고자 했을까? 아니면 뿔뿔이 흩어져서 차라리 백제 백성이기를 포기하려 했을까?

달솔벼슬에 올라 있던 계백 장군은 분연히 일어섰다. 처자를 적국의 노예로 만들 수 없다며 식구들의 목숨을 직접 자기 손으로 거둔 장군, 혹독한 외로움을 비장한 결의로 달래면서 5천 결사대를 이끌고 전쟁터로 향한다.

좌충우돌, 이미 죽기를 각오한 목숨이니 일당백인들 두려울 게 무엇이랴. 사정없이 찌르고 베고 수없이 후려쳤으나 벌 떼처럼 달려드는 칼날의 파도를 어찌 다 막아 낼 수 있으리. 네 차례에 걸친 살육전을 연승으로 이끌었지만 나이 어린 화랑 관창의 죽음으로 분기충천한 신라군의 총공격을 저지할 수는 없었다. 중과부적이 철천지한이었다. 장렬한 죽음 이외에는 그 어느 것도 선택할 여지가 주어지지 않았다.

수나라 30만 대군을 물리친 살수대첩의 을지문덕 장군이나 안시성 싸움에서 당태종을 격퇴시킨 대막리지 연개소문도 이렇게까지 참담하지는 않았으리라. 군신이 일체가 된 신뢰감 속에 모든 백성이 하나 되어 감당해 낸 전쟁이 아니었던가?

위례성에서 웅진으로, 웅진에서 다시 사비성으로 조금씩 움츠러들던 백제. 그러다가 끝내는 주색에 빠져들면서 흐트러지는 백제궁. 신하의 충언을 듣기보다는 오히려 충신의 목숨을 빼앗는 임금이 어찌 외적의 침입을 예견이나 했겠으며 그에 대한 대비책을 강구코자 했겠는가?

주몽의 아들 온조가 위례성에 정착하고 개국한 이래 678년을 이어 온 백제는 혼신의 힘을 다해 마지막 불꽃을 태운 황산벌 전투를 끝으로 위대한 장군 하나를 잃으면서 처절한 아픔의 역사 속으로 사라져 갔다.

삶과 죽음이 엉켜 아우성치던 볼마루, 백제의 멸망사가 오랜 세월 소리 없이 묻혀 온 산기슭에 이제는 박물관이 들어섰다. 전설처럼 가물가물 이어져 온 희미한 옛이야기를 되살리고자 시민들이 의지를 모아 세운 백제 군사박물관이 바로 그것이다.

탁 트인 옥외 조경과 시원스레 자리 잡은 널찍한 광장이 먼저 눈에 들어온다. 광장을 가로질러 박물관으로 들어서면 시각적 효과를 극대화시킨 전시물들이 평면과 입체로 나뉘어 일목요연하게 전시되어 있다. 규모가 아담해서 시간적 여유를 갖고 하나하나 짚어 가다 보면 백제 역사의 윤곽이 한눈에 들어오는 것을 알 수 있다.

오늘도 박물관 광장은 텅 비어 있다. 고작해야 일 년에 한두 번 정도 들를까 말까 하는 곳이지만 평일만을 택해서 그런지 늘 공허한 느낌을 받곤 한다. 그럴 때마다 이렇게 관람객이 뜸하고서도 흑자 운영이 기대되는지 궁금하기만 했다.

계백 장군 묘? 백제 군사박물관? 둘 중 어느 쪽이 더 가슴에 와 닿을까? 전설 같은 장군의 묘가 관광으로 연결된다면 박물관은 역사 학습과 관련된 학술에 가깝다. 그렇다면 관리 운영의 중심을 어디에 두어야 적자폭을 조금이라도 줄일 수 있을까? 아무래도 관광 차원의 계백 장군 쪽이 아닐까? 이곳 산기슭에 백제 군사박물관이 들어선 것은 원래부터 계백 장군의 묘가 여기 있었기에 따라온 것이지, 박물관을 지으려고 장군의 묘를 다른 곳에서 일부러 옮겨 온 것이 아니므로 계백 장군을 중심으로 한 운영 방향이 당연한 처사가 아닐는지.

주차장에서 매표소를 거쳐 광장을 지나 박물관으로 직행하도록 동선이 정해져 있어 장군의 묘를 보려면 박물관을 나와 마음 다잡고 한참을 다시 걸어 올라가야 한다. 뭔가 잔뜩 기대를 갖고 올라가 보면 궁색하도록 초라한 묘 하나만 덩그러니 앉아 있을 뿐이다.

같이 오르던 지인이 장군의 묘를 찬찬히 둘러보면서 농담인지 진담인지 혼자말로 중얼거리는 것이었다.

"오! 이 충격, 계백 장군께서만 끝내 쓸쓸한지고…."

백제의 눈물이 녹아든 겨울 호수, 출렁이는 은빛 물결을 말없이 바라보는 차디찬 볼마루 산기슭에는 지난 역사의 흔적처럼 희끗희끗 잔설이 묻어 있었다.

숭례문이 불타던 날

숭례문(崇禮門)은 국보 1호다. 1395년(태조4년)에 기공하여 3년 후인 1398년에 준공되었다. 누각이 5간 2면의 2층으로 웅장한 형태에 섬세한 수법까지 갖춘 세계적으로 자랑할 만한 목조 건축물이다. 1447년에 개축한 것이 현재에 이르렀고, 6 · 25사변 때 파괴된 곳을 1956년에 개축하였으며 1962년에 또 한 차례 개축을 했다. 양녕대군의 친필인 숭례문 현판 글씨는 다른 곳과는 달리 세로로 쓰여 있는데 '숭례(崇禮)'의 두 글자가 불꽃을 의미한다고 전해 온다.

"이보시게 소식 들었는가?"

"남대문 불탔다는 소리 말인가?"

"남대문이 아니고 숭례문일세. 불탄 서까래와 기왓장이 와르르 무너져 내리는 것이 안쓰러워 못 보겠더구먼. 아무리 불만이 많더라도 자기와는 아무 상관없는, 그것도 하필이면 국보 문화재에다 불을 질렀느냐 이 말일세."

"누가 아니겠나."

"그런 엄청난 일을 저질러 놓고서 뭐? 국민에게 죄송하고 가족에게 미안하다고? 나 원 참 어이가 없어서. 나이가 칠십이면 아무리 막된 사람일지라도 앞뒤는 가릴 줄 알아야지. 토지 보상 문제를 제대로 해 달라며 여러 차례 진정도 냈고 전화도 했는데 국가가 안 들어주었으니 안 들어준 대통령 탓이라는 게여."

"참말로 별스런 사람일세."

"경비가 소홀하고 들어가기 쉬워서 그곳을 점찍었다고 하지 않든가? 문화재가 동네 놀이터보다 더 허술해 보였던 게지. 도대체 나라에서는 그동안 뭘 했는고?"

"모를 일일세. 참으로 모를 일이로세."

정 노인과 박 노인이 숭례문 방화 사건을 텔레비전에서 보고 나온 모양이다. 명절 끝이라고 며칠간을 만나지 못하더니 설 쇠러 온 아이들도 다들 올라간 데다 또 텁텁한 막걸리 한잔 생각이 나서 마당에 햇살 퍼지자 고샅걸음을 한 것이다. 둘이 만났다 하면 누가 먼저랄 것도 없이 동네 밖 막걸리 집으로 향했다. 바늘 가는 데 실 가는 것처럼, 숟가락에 젓가락 따라다니는 것처럼 그렇게 늘 같이 다녔다.

오늘은 빅 노인이 먼저 말을 꺼냈다. 말투에 분기가 서려 있어 방화범이 옆에 있으면 뺨이라도 한 대 거세게 올려 부칠 기세다. 분한 마음은 정 노인도 마찬가지여서 방화범도 방화범이지만 관리를 소홀히 한 국가도 책임 추궁을 받아야 마땅하다고 생각하는 것이었다.

"이보시게, 내 말이 틀렸는가? 육백 년을 이어 온 우리 역사가 아니냐고? 그런 역사를 어찌 그리도 나 몰라라 했느냐 이 말일세."

"그러게 말이네. 말로만 애국이고 어쩌고 했던 게지. 정말로 나라를 위하고 문화재를 지키려 했다면 해당 관청이 그렇게 무책임할 수는 없지. 그건 그렇다 치고 서울역에서 밀려난 노숙자들이 숭례문을 감히 자기들 잠자리쯤으로 여겼다는 것이 말이나 되는 소리냐 이 말이지. 아무나 들어갈 수 있게 무방비로 내버려 뒀다는 것이 생각할수록 분하지 않은가? 시시티브이인지 뭔지를 설치했다면 노숙자들이 부탄가스 켜 놓고 라면 끓여 먹는 것이 다 찍혔을 텐데 경비원들 눈에는 그런 것도 보이지 않았다는 게여 뭐여 시방? 오죽하면 외국인마저도 쓴소리를 했겠나?"

"누가 무슨 말을 했기에 그러나?"

"한국 사람들은 문화재 보호의식이 약하다는 게여. 외국 친구들이 오면 숭례문을 자랑하려고 일부러 들렀다고 하지 않든가? 동양 3국 중 중국식은 '부자고 힘센 것이 난데 너는 뭐냐' 하는 오만함이 드러나고, 일본식은 '너무 깔끔해서 정을 느끼기 어렵다'는 게여. 그렇지만 한국의 건축물은 건물 전체의 흐름이 어찌나 부드러운지 꼭 '어서 오세요'라고 따뜻하게 맞이하는 것처럼 보인다는 걸세. 일제 강점기 때 고궁부터 지방관아까지 조선시대 건물 대부분이 강제 철거되거나 불타 버려서 서울 한복판에 있는 숭례문이 살아남았다는 것은 기적에 가까운 일이라며 이런 어처구니없는 일을 당했으니 조상님들께서 '이놈들' 하고 호통이라도 치실 것이 분명하다는 게지."

"외국 사람인데도 정작 우리나라 사람보다 문화재를 더 많이 알고 더 귀히 여기는가 싶구먼. 참말로 낯부끄러운 일이로세."

2008년 2월 10일 오후 8시 50분, 그때까지만 해도 기둥이나 서까래, 또는 나무무늬에 이르기까지 자상하게 신경을 쓴 한국인의 정성이 숭례문 구석구석마다 살아 있었다. 소실되어 없어지리라고는 그 누구도 상상 못한 일이었다. 처참한 모습으로 변해 버린 숭례문, 허물어진 600년 역사가 그렇게 민망해 보일 수가 없다. 면면히 이어 온 우리의 역사를 잿더미로 만들었다는 것이 분하고 원통할 따름이었다.

관리 책임이 있다는 문화재청, 서울 중구청, 서울시 소방재난본부, 민간 경비업체에 아무리 강도 높은 책임 추궁을 가한다 해도 그토록 유구한 역사를 어떻게 되돌린다는 말인가? 그러나 어쩌겠는가? 소 잃고 외양간 고치는 격이 되고 말았지만 차제에 관련 법규를 대폭 손질해서라도 다른 많은 문화재를 보호하는 데 만전을 기해야 될 것이 아닌가? 책임 또한 철저하게 물어서 다시는 이와 같은 일이 일어나지 않도록 국민 모두의 경각심을 높여야 할 것이 아니겠는가?

"이보시게 친구, 텔레비전만 켰다 하면 영어 교육이 어떻고, 총선 공천이 어떻고, 무슨 당과 무슨 당이 합쳤다는 등 또 누가 어느 당에서 탈당했다는 뉴스들만 나오는 걸 보면 이 땅에서는 영어와 정치밖에 할 것이 없는 모양일세 그려. 어디 그뿐인가? 어떤 방송을 틀어도 노래하고 춤추고, 될 소리 안 될 소리로 억지웃음 지어내는 연속극이 얼마나 많은가? 증권, 골프, 당구, 바둑, 낚시 다 나오는데 어느 한 곳이라도 우리 문화재를 소상히 알려 주는 방송은 없네 그려. 그런 방송이 있다면 그거야말로 국민적 역사 교육이 될 텐데 말일세."

"아니 일요일 아침나절에 하는 〈진품명품〉 시간이 있잖은가?"

"거기서야 진짠지 가짠지, 값이 얼만지 하는 것에만 눈독 들이게 하는 게지. 진지하고 깊은 맛은 없지 않든가?"

"허허, 이 친구 점점 유식해지네 그려."

"에끼! 이 사람."

정 노인과 박 노인의 말이 결코 잘못된 지적이 아니었다. 젊은 사람들은 어떨지 몰라도 나이 지긋한 노인층에서는 볼만한 프로가 별로 없는 게 사실이다. 이참에 전 국민이 다 볼 수 있는 문화재 전문 프로그램 하나 만들어서 문화재 애호에 관한 지속적인 교육을 담당케 하는 것도 꼭 필요하리라는 생각이 든다. 왜냐하면 숭례문 참사를 본 국민의 가슴이 너무도 아팠을 것이기 때문이다.

두 번째 산바람전

젊은 시절 다 보내고 칠십 고령에 두 번째 개인전을 열었다면 그게 자랑일까 부끄러움일까? 전시회 리플릿을 우편으로 발송하고 나서 나 스스로에게 던져 본 질문이다. 어찌 보면 안쓰럽기도 하고 또 어찌 생각하면 때 늦은 집념이 대견스럽기도 하고.

수요일 오후 인사동 거리는 많은 사람들로 북적인다. 빼곡히 들어찬 미술관이나 갤러리마다 일제히 오프닝 행사를 치르기 때문이다. 반갑게 만나 간절한 마음으로 축하해 주고 축하받는 마음 나눔의 시간, 그래서 그런지 거리 전체가 밝은 웃음으로 가득 차 있다.

어디 그뿐인가? 각종 전람회기획전문가, 시장 조사차 나온 여타 지역의 갤러리 대표나 화랑 운영 희망자, 미술품 운송회사 사람들, 신문기자, 미술잡지 기자, 꽃가게 주인, 미술품 구매자 등이 한자리에 모일 수 있는 맞춤 기회이기도 하다. 말하자면 작가와 관람객, 미술마케팅 관련자들이 한데 어울린 한마당 축제라고나 할까?

서울미술관을 "⊂"모양으로 나눈 부스 길이 17미터가 내게 주어진 공간이다. 산바람을 주제로 한 14점의 그림이 걸려 있다. 예술의전당 한가람미술관의 첫 개인전으로부터 3년이 지난 후 게으름 피우지 않고 탐구한 그동안의 결과를 선보인 것이다.

다양성이 결여된 간결한 색 배치가 자칫 진부한 느낌으로 작용될 수 있단다. 참신성이 미약하다는 것은 단지 한정된 표현 대상이나 색깔에만 국한되는 것이 아니라 일률적인 표현 기법과 감정 표출 수단과도 관련이 깊다는 지적이다. 지극히 옳은 말인데도 그것에서 탈피하기가 쉽지 않다. 참으로 어려운 일이다.

오랜 세월의 방황 끝에 얻어 낸 습윤유채(濕潤油彩), 은연중에 젖어드는 침윤색조가 내게 적합한 탐구 영역임을 재확인한 전시회였다. 작업 진행의 향방이 어디인지를 가늠조차 할 수 없었던 지난 시간들이 습윤유채를 낳기 위한 일련의 학습 진통이었다면 이제는 그 학습에 깊이를 더하는 일로 여생을 소진하리라 다짐해 본다.

습윤유채는 첫 번째 산바람전 때 붙여진 말이다. 금방 건져 올린 수석처럼 그림들마다 물에 젖어 있는 듯한 느낌을 받았다는 어느 중년 여인의 관람 평 때문이었다.

전시회 다섯째 날 똘똘하게 생긴 초등학교 2, 3학년쯤 된 남자아이가 느닷없이 그림 어디에서 산바람을 찾을 수 있느냐고 물어 왔다. 난감한 질문이었다. 이런저런 생각 끝에 가장 알아듣기 쉬운 말로 설명해 주기로 했다.

"네가 둘러본 것처럼 내 그림은 모두 산 그림이잖니? 산 그림은 정물화도 아니고 인물화는 더더욱 아닐 테고."

"풍경화라고 배웠어요."

"그래, 맞다. 풍경화지. 그럼 풍경화의 앞 글자가 한문으로 무슨 풍 자일 것 같으냐?"

"바람 풍 아니에요?"

"그래, 그것도 맞다. 산을 그린 산 풍경화다. 그렇다면 산풍경화전이라고 해야 좋을까 아니면 그냥 산바람전이라고 해야 좋을까? 어느 게 더 멋이 있을 것 같니?"

"와- 이제 알 것 같아요. 그래서 산바람전이었구나."

"그런데 아가야, 내 그림에서 산바람이 전연 안 느껴지던?

"산과 구름이 있으면 당연히 바람도 있는 것 아니에요? 저쪽 그림 〈겨울 야산〉 앞에서는 정말로 찬바람이 불어오는 것 같았는걸요. 물론 보이지는 않았지만요."

"그렇고말고, 바람이 보일 수는 없지."

"화가 할아버지, 고맙습니다."

아이가 씩씩하게 인사를 했다. 아이의 부모라는 젊은 부부도 상세하고 친절한 설명이 너무 고마웠다며 공손하게 인사를 하고 갔다.

첫 번째 산바람전에서 "습윤유채"라는 말을 얻었다면 두 번째 전시회에서는 주제가 왜 산바람인지를 정의하고 이해시킨 기회였다. 또한 보는 사람과 보여 주는 사람이 마치 맞물려 돌아가는 톱니바퀴처럼 소통이 자연스럽게 이루어질 때 흐뭇한 행복감을 느낄 수 있다는 것을 다시 한 번 알게 된 전시회이기도 했다.

"어머니, 아버지, 이번에도 먼 길 오셔서 보셨지요? 방명록을 촘촘하게 메운 많은 사람들이 제 그림을 진지한 마음으로 보고 갔어요. 복잡하게 사는 도시인들에게 청명한 산바람을 성의껏 불어 주었으니 이것도 보람된 일이 아닐는지요? 늦은 나이지만 앞으로도 힘닿는 데까지 이런 전시회를 가져 볼까 합니다. 기왕 오신 길에 구경거리 많은 이곳 인사동 거리를 한 바퀴 돌아보세요.”

40여 년 전에 하늘나라로 가신 어머니, 아버지가 오늘따라 몹시도 그립다. 기쁜 일이 있을 때면 더욱더 보고 싶어지는 마음. 아무래도 부모님 살아생전에 좋은 일을 많이 보여 드리지 못한 죄책감 때문에 그토록 아픈 생각이 드는가 싶기도 하다.

어둠이 내리는 화랑가 골목길을 꽃샘바람이 몰아가고 있었다. 제법 쌀쌀한 날씨였지만 관람객들의 웃음 띤 얼굴에 환한 즐거움이 넘치고 있었다.

하얀 새

하얀 새 다섯 마리가 산허리를 날아가고 있었다. 서쪽 하늘이 붉게 물드는 해거름 녘, 역광으로 비친 육중한 암녹색의 산자락과 하얀 해오라기의 가벼운 날갯짓이 극명한 대비를 이루고 있었다. 어두운 것과 밝은 것, 무거운 것과 가벼운 것, 움직이는 것과 움직이지 않는 것으로 이루어지는 대자연의 섭리. 천지 만물을 만들어 내는 음과 양의 두 가지 기운을 한꺼번에 볼 수 있는 참으로 아름다운 풍경이었다.

창조주는 절대로 똑같은 것을 만들지 않았다. 음양의 이치를 어기고 싶지 않아서였으리라. 큰 것이 있으면 작은 것이 있고 잘난 것이 있으면 못난 것이 있다. 좋은 날이 있으면 나쁜 날이 있고 필요한 것이 있으면 불필요한 것도 있다. 크다고 해서 다 큰 것이 아니고 작다고 해서 무조건 다 작은 것도 아니다. 조금 더 큰 것과 작은 것, 힘센 것과 힘없는 것, 모양이 다르고 소리가 다르고 색깔이 다른 것 등 제 분수나 때깔에 맞게 여러 갈래로 수없이 나눠 놓지 않았는가?

해 질 녘이 되면 사람만 귀가를 서두르는 것이 아니다. 해오라기 역시 제 집을 찾아가기에 바쁘다. 목숨 붙어 있는 모든 생명체들은 그렇게 스스로 할 일을 한다. 살아 있기 위해서 나름대로 열심히 일하는 생존의 법칙이 작은 새라고 하여 다를 리가 없는 것이다.

산허리를 가로지르는 저 다섯 마리의 새는 한 가족일까? 아니면 이웃해 사는 남남일까? 같은 집으로 날아가면 한 식구일 테지만 남남이라고 해도 방향이 같은 것을 보면 가까운 이웃임에 틀림없다. 한집으로 날아가든 방향이 같은 곳이든 기다리고 있는 식구들이 생각나서 저렇듯 부지런히 날고 있는 게 아닌가? 그림에 새를 그려 넣기로 작심한 것도 집을 찾는 하얀 새, 사랑과 생존의 의미를 일깨워 주는 해오라기의 힘찬 날갯짓 때문이다.

훨훨 날아가는 하얀 점을 따라가다 보면 산자락도 조금씩 움직이고 있음이 느껴진다. 그러나 눈여겨보면 움직이는 것과 움직이지 않는 것이 확연하게 구분된다. 육중한 산자락이 얼핏 움직여 보인 것은 새의 날갯짓에 대한 반작용이 내가 바라는 시각적 욕구와 맞아떨어졌기 때문일 것이다.

거의 일 년여 동안이나 작업실 한쪽 구석에 우두커니 서 있던 미완성 그림, 거기에 하얀 해오라기 다섯 마리를 그려 넣었다. 요지부동이던 산자락에 알 수 없는 어떤 기운이 살아나고 있었다. 눈시울이 바르르 떨리도록 얼굴에 열기가 느껴졌다.

시선을 왼쪽에서 오른쪽으로 빠르게 돌렸다. 분명히 새는 날개를 퍼덕이며 앞으로 날아갔고 산자락은 뒤로 밀렸다. 착각이 아니라는 생각이 들 만큼 산과 새가 제각각 살아 움직이는 것이었다. 앞으로 나아가는 게 있으면 뒤로 밀리는 것도 있다는 천지 만물의 이치가 그림 속에 그대로 적용되고 있었다. 비록 나 혼자만의 착각일 뿐이라고 웃어넘길 일이지만 말이다. 어쨌든 새를 그려 넣기 전과 그려 넣은 후가 이렇게 생판 다르고 보니 하얀 새로 인해 달라지는 느낌의 차이가 이만저만 큰 것이 아니었다.

꿈틀꿈틀 기를 통하게 해 주는 하얀 새! 그날의 해 질 녘 풍경이 아니었으면 오늘의 이 기쁨을 어떻게 맛볼 수 있겠는가? 호풍환우(呼風喚雨)를 마음대로 일으키는 창조주가 아니고서야 하얀 새 다섯 마리로 그림이 살아날 수는 없다. 그야말로 천부당만부당한 소리다.

꿈처럼 아름다웠던 해거름 풍경이 가슴 깊숙이 남아 있다가 잠시 되살아난 환상일 뿐이라고 해도 그것을 애써 부정하고 싶지는 않다. 어렵게 얻은 환상인데 내가 먼저 인정해 주어야 그림을 바라보는 마음이 편해질 것이 아닌가?

그림 제목을 〈산너울-하얀 새〉라고 했다. 오랫동안 밀쳐 두었던 산 그림이 완성되던 날 나는 산을 향해 "드디어 끝났다"고 마음껏 외쳐주고 싶었다. 오랜만에 맛보는 홀가분한 해방감이었다. 애를 많이 태운 그림이니 생각 같아서는 다섯 마리 하얀 새의 환상이 오래오래 지속되어 주기를 바라는 마음 간절하지만 그게 어디 가당키나 한 일인가?

봄바람

금요일 오후 1시가 차츰 가까워지자 방배초등학교 운동장은 많은 사람들로 북적댔다. 디귿자로 들어선 하얀색 건물 앞에는 짙은 자주색깔의 관광버스 네 대가 시동이 켜진 채로 줄지어 서 있다. 2학년부터 6학년까지 각 학급에서 선출된 남녀 회장과 부회장들이 1박 2일간의 신학기 임원수련회를 떠나는 날이다.

2학년 2반의 남자 회장인 우리 손자가 타고 갈 버스는 12호차다. 말쑥하게 차려입은 젊은 엄마들이 자기 아이를 배웅하려고 버스 주변에 몰려 있다. 공휴일이 아닌지라 나처럼 출근한 아들 내외 대신 나온 머리 하얀 노인들이 몇몇 섞여 있다.

아이들은 저마다 명패를 목에 걸고 있다. 그래서 그런지 학급 대표로서의 당당함이 더욱 돋보였다. 가슴 가운데쯤 내려와 있는 하얀 명패를 만지작거리는 우리 손자의 환한 웃음도 다른 아이들과 다를 바가 없다.

문득 어렸을 적 일이 생각난다. 너무 오래된 일이라 육 학년 때의 기억만이 조금 살아 있다. 두 개 학급이었는데 1반인 우리 반만 남녀 합반이었다. 6 · 25전쟁을 치른 지가 서너 해밖에 되지 않은 데다 농촌의 작은 학교였으므로 아이들의 옷매무새는 그야말로 구구각각 촌스럽기가 이루 말할 수 없었다.

가을 어느 날 소풍을 가고 있었다. 임원수련회나 수학여행 같은 말은 아예 생기지도 않았던 시절이니 꿈에서조차 본 적 없는 관광버스는 더더구나 있을 리 만무하다. 흙모래와 자갈투성이 신작로 길을 아이들이 줄지어 걸어간다. 길 양쪽으로 활짝 핀 코스모스가 한들거렸지만 아이들에게는 그렇게 웃고 떠들고 조잘대는 즐거운 소풍길이 아니었다. 학교 교문을 나설 때만 해도 군인들이 행군하듯 걸음걸이가 제법 씩씩했는데 집으로 돌아올 때는 굶주린 피난민 행렬처럼 아이들 모두가 몹시 지쳐 있었다.

왕복 50리 길, 양촌 쌍계사까지 걸어갔다 왔으니 왜 아니 그러랴. 지금 생각하면 참으로 어처구니없는 일이다. 그 정도면 어른들도 힘들어할 거리인데 하물며 열두어 살 어린아이가 땅거미 실 때쯤 금방이라도 쓰러질듯 집에 돌아왔으니 탈이 안 나고 배기겠는가? 길바닥 어디든 아무렇게나 주저앉아 잠깐 쉬고는 또 걸었다. 그러나 흙먼지 날리는 신작로 길은 끝없이 이어졌다. 고무신 바닥이 미끄러져서 철떡거리면 신을 양손에 들고, 발바닥이 아프면 다시 신고, 그렇게 수십 번을 되풀이한 뒤에야 집에 도착할 수 있었다.

가뜩이나 허약했던 나는 그날 밤 내내 높은 열에 시달렸고 며칠 동안 학교도 가지 못했다. 발바닥에 잡혀 있던 물집이 터져 도저히 걸어 다닐 수가 없었던 것이다. 그날 이후 소풍이라면 진저리를 칠 만큼 무조건 싫었다. 중학교 때는 무슨 핑계를 대서라도 소풍날은 결석을 했는데 고등학교 3학년에 와서야 마지못해 마지막 소풍을 따라갔다. 졸업을 앞둔 수학여행이었기 때문이다. 덮개가 없는 화물트럭에 짐짝처럼 쪼그리고 앉아 공주 마곡사까지 1박 2일로 다녀온 그때 역시 사고가 나서 곤욕을 치렀다.

우리 반 반장이 저녁을 먹은 후 어디론가 없어져 버렸다. 서너 명씩 짝을 이뤄 밤늦게까지 깊은 산속을 헤맸는데 결국은 화장실 옆 헛간에서 술 취해 잠자고 있는 것을 찾아냈다. 조금만 늦었어도 큰일 날 뻔했던 것이다. 만약에 반장을 찾아 나섰던 학생들이 칠흑 같은 어둠 속을 헤매다가 굴러 떨어져 목숨을 잃는 대형사고로 이어졌다면 어찌 되었을까? 생각하면 할수록 아찔한 수학여행이었다.

소풍에 대해 안 좋은 기억이 가슴속에 맺혀 있어서 그런지 지금도 여행이라면 달갑지 않다. 어쩔 수 없이 따라나서야 할 경우라면 혹 모를까 내가 즐겨서 떠나 본 적은 단 한 번도 없으니 말이다.

손자를 태운 관광버스 1호차가 교문을 빠져나간다. 손을 흔들었다. 손자도 두 손을 크게 흔들었다. 예쁘고 깨끗한 아이들이 멋스러운 차를 타고 세련된 엄마들의 배웅을 받으며 여행을 떠난다. 60여 년 전의 꾀죄죄하고 볼품없던 소풍과는 비교가 되지 않았다. 마치 동화 속에 나오는 어린 천사들의 소풍 길을 보는 것 같았다.

방배동 고갯길에 봄바람이 불어오고 있었다. 가로수와 가로수 사이에 코스모스를 심었으면 좋겠다는 엉뚱한 생각을 해 가며 건널목 앞에 섰다. 수없이 많은 차량들이 빠른 속도로 질주해 간다. 잠시 후면 차량을 정지시키는 빨간 신호등과 내가 앞으로 나아갈 길을 활짝 열어 주기 위한 녹색 신호등이 임무교대를 할 것이다. 마치 모세가 지팡이로 바닷물을 갈라 꿈의 땅을 찾아 떠나는 사람들의 길을 인도해 준 것처럼 그렇게 질주하는 차량들의 물결을 일시에 갈라놓을 것이다.

참으로 편리하고 살기 좋은 세상이다. 그렇다면 앞으로 60년 후의 아이들은 또 어떤 여행이 될까? 그때도 도로 교통일까? 아니면 자가용 항로교통시대일까?

아늑한 봄바람이 가슴을 싱숭생숭하게 하는 화창한 봄날의 오후였다.

작은 미술관

진등골 고향 마을에
있는 듯 없는 듯 문을 연
작은 미술관
어느 길손 관람객의 뜸한 발걸음이
빈 하늘 한 점
구름송이처럼
잠시 잠깐 머물다 가는
고즈넉한 쉼터
향인(鄕仁)갤러리

벌써 오래선부터 그런 풍경이 머릿속에 들어와 있었다.

그림이 빼곡하게 들어차 있다. 하루에도 몇 번씩 드나드는 내 작업 공간이다. 거실에 바로 잇대어 있어 대낮이든 한밤중이든 가릴 필요 없이 들고 난다.

날씨가 갑자기 추워져서 가스난로에 불을 붙여 놓고 늘 하던 대로 작업실 여기저기를 둘러보기 시작했다. 그런데 뭔가 이상했다. 어떤 알 수 없는 힘이 가슴을 옥죄이는 것 같은 느낌, 내가 그림을 보는 것이 아니라 그림이 나를 지켜보면서 감시하는 듯한 그런 기분이었다.

벽에 걸린 그림이나 바닥에 기대 놓은 그림들, 심지어는 붓 한번 대지 않은 하얀 캔버스조차도 우쭐우쭐 고개를 내밀어 나를 빤히 바라보는 것이었다. 이상하다는 생각이 자꾸 들어 눈을 비벼 보고 고개도 흔들어 보았지만 일직선으로 내게 쏟아지는 그림들의 시선을 피할 수가 없었다.

내가 왜 이러지? 그림들이 왜 저렇지? 마음을 다잡으려 애를 썼으나 혼란해진 마음이 진정되기는커녕 더욱더 심란해지는 것이었다. 아무래도 안 되겠다 싶어 작업실을 나오고 말았다. 그림이 나를 원망하듯 노려보다니? 말도 안 되는 소리다. 20여 년을 들락거렸지만 이런 느낌을 받아 보기는 처음이 아닌가? 왜 그런 착각에 빠져들었는지 아무리 생각해도 모를 일이었다.

얼마 전 그림을 그리면서 혼자 중얼거린 그 때문일까? 훗날 내가 죽고 나면 저 많은 그림들은 어찌 될까? 혼신을 다한 내 분신들이 결국은 찢어지고 태워지고 그렇게 하나둘 흐지부지 없어질 것이 아닌가? 지명도 높은 유명 작가라면 혹 모를까 시골 무명작가의 하찮은 그림을 누가 찾아서 보존해 준다는 말인가? 겹겹이 기대 놓고 걸어 놓은 그림뿐만이 아니라 앞으로 그려질 그림마저도 그렇듯 처연한 모습이 되고 말 텐데 이를 어찌하면 좋단 말인가?

칠십 고령이니 이제는 무턱대고 그리는 것만이 능사가 아닌 듯하다. 지금껏 해 온 작업들을 정리하고 처리할 방도를 생각해 봐야겠다. 아무런 대책 없이 세월만 보내다가 어느 날 갑자기 내 인생 접고 말면 평생을 바쳐 온 모든 것들이 한꺼번에 사라지고 말 것이 아닌가? 지역자치기관이나 규모 큰 미술관에 영구 보존되는 경우도 있을 테지만 그 어떤 경우든 나와는 거리가 먼 이야기다. 유명세 붙은 작가에게 해당될 일을 상상이나 할 수 있겠는가 탄식을 하면서 그림들을 둘러보았던 것이다.

그런 일이 있고 난 며칠 후 아내의 갑작스런 질문을 받았다. "당신 꿈 포기한 것은 아니지요? 아직 살아 있는 거죠?" 나 혼자만의 생각이라고 여겼던 머릿속 풍경을 언제 어떻게 알았는지 오히려 내가 더 당황했다.

지금 살고 있는 고향 집을 작은 미술관으로 만들자는 것이다.

중년에 들어선 자식 셋 모두 서울에 터를 잡았으니 이곳에 내려와 살 일은 없을 것이고, 시골집 크게 값나가는 것도 아닌데 우리 죽고 나서 다른 사람에게 넘어가는 것보다 전시 공간으로 개조해 놓으면 당신이나 자식 모두에게 뜻깊은 일이 될 것이라고 했다.

자식들과도 이미 상의를 끝냈으니 더 늦기 전에 시작해 보라는 것이었다. 더구나 큰아들이 두 동생 앞에서 아버지 유산을 끝까지 지켜 후손 대대로 잇게 할 것이라고 다짐까지 했단다. 혼자만의 생각을 현실로 바꿔 놓을 가장 어려운 숙제를 아내와 자식이 풀어 주려는 것이다. 어찌 고맙고 기특하지 않으랴.

그렇다면 오늘 아침 내게 보낸 그림들의 시선이 나를 원망하는 것이 아니라 가족 모두 한목소리로 원하는 일을 왜 빨리 시작하지 않느냐고 다그친 눈길이었다는 말인가? 있는 듯 없는 듯 문을 연 작은 문화 공간으로서의 향인미술관! 원래의 집 모양을 그대로 살리면서 머릿속에 그려진 소박한 전시 공간이 될 수 있도록 꾸미면 될 것이 아닌가?

벼르고 별렀던 일이지만 나를 바라보는 내 분신들에게 당장 손가락 걸어 확실한 약속을 해 줄 수는 없다. 왜냐하면 어떻게 하는 것이 가장 현명한 일인지 며칠 사이로 쉽게 결정될 일은 아니기 때문이다. 그러나 진작부터 내 마음속에 들어와 있는 그 작은 미술관이야말로 고향을 지켜 줄 굽은 소나무로 영원히 남게 될 것이라 믿어 의심치 않는다.

어떤 그림 앞에서

"혹 지호회화라고 들어 보셨습니까?"

"글쎄요, 지호공예는 들어 본 듯한데 지호회화는 처음입니다."

"아마 그러실 겝니다. 흔히들 그냥 종이 작업이라고만 했지, 그 작업을 독립된 영역의 고유명사로 불러 줄 생각은 안 했거든요. 하기야 지호공예는 종이와 풀이 재료가 되지만 종이 작업에서는 종이 자체가 재료이니 딱히 이름을 붙여 줄 만한 근거가 없기는 하지요. 어쨌거나 종이 풀을 그림에 활용하는 저로서는 제가 하는 일이 어떤 형태의 작업인지를 확실하게 구분해 둘 필요가 있다고 생각했습니다."

"그래서 지호에 회화를 붙여 '지호회화'라고 명명하셨군요."

종이 지(紙)에 풀칠할 호(糊), 지호(紙糊)기법의 시작은 삼국시대로부터 비롯된다. 고구려, 백제, 신라에 불교가 전래되면서 발전하게 된 불상조각의 제작 기법이다. 금박을 입힌 종이불상이 동일신라를 거쳐 고려시대로 이어졌으며 조선조 말에 이르러서는 서민들 사이에 간편한 생활용기 만들기로까지 대중화되었다.

“그런데 왜 지속적인 발전이 없었을까요?”

“여러 가지 이유가 있겠으나 우선 재료가 갖고 있는 부적합성의 한계 때문이 아닌가 생각됩니다.”

“종이는 물과 불에 모두 약한 것이라 그럴 수밖에 없겠군요.”

“제일 큰 약점이 바로 그겁니다. 재질에서부터 제작 과정에 이르기까지 여성적이라는 것도 하나의 원인이 될 수 있고요. 지호공예는 섬세함과 기다림이 절대적으로 필요한 분야입니다. 남성이 감당하기에는 소재 자체가 연약하고 부드러운 데다 잔손질이 너무 많이 가는 작업인지라 끈기와 인내심 없이는 불가능한 일입니다.”

“그렇다고도 봐야겠네요. 그런데 김 선생은 언제부터 종이 풀로 그림을 그리기 시작했나요? 그럴 만한 어떤 특별한 동기 같은 게 있었나 보죠?”

"스위스의 철학자 알랭 드 보톤이 말하기를 창의성은 전통과 자유의 중간지대에서 나온다고 했습니다. 그 말은 결국 창작의 자유로움도 어떤 전통적 질서로부터 비롯된다는 뜻이 아닙니까?"

대학 시절 인상주의 미술교육에서 출발한 "인상적 이미지"가 학습시기를 거쳐 2000년대 초까지 30여 년을 이어 왔다. 우연한 기회에 찾게 된 수채화 같은 유화기법의 습윤유채(濕潤油彩), 이른바 "서정적 이미지" 작업이 그 후 10여 년 동안 계속되었는데 최근에 이르러 또 한 번의 변화를 겪게 된다.

화두는 역시 산이다. 산봉우리, 산줄기, 산자락, 산 계곡 등을 떠나 본 적이 없다. 고향을 감싸고 있는 매화산줄기, 가끔씩 찾게 되는 대둔산이나 계룡산, 서울을 둘러싼 청계산, 관악산, 북한산이 모두 내 그림의 중심 화두인 셈이다.

어느 이른 봄날, 집에서 가까운 우면산에 올랐다. 아직도 희끗희끗 잔설이 묻어 있는 겨울 끝자락에서 발가벗은 나무들이 싸늘한 바람결에 오들오들 떨고 있었다. 문득 얽히고설킨 나뭇가지들이 글자를 닮았다는 생각이 들었다. 배경 깊숙이 물러서 있는 팔부능선, 그 앞으로 얼기설기 늘어선 문자의 행렬이 절묘하도록 잘 어울리는 것이었다.

“김 선생의 그림에 언뜻언뜻 보이는 글자들이 도대체 무슨 의미인가 했더니 그게 바로 나뭇가지였군요.”

“그렇습니다. 제가 쓴 수필 중 몇 줄씩을 인용한 것이지요. 띄어쓰기를 생략한 문장의 글자와 글자를 연결해서 갖가지 기하형체를 만들고, 기하형체로 둘러싸인 공간에 산봉우리와 산자락을 들여놓았습니다. 이를테면 미술과 문학의 만남을 ‘구조적 이미지’로 조형화시킨 것이지요.”

“그래서 그림 제목이 〈마음 숲〉이군요. 거기다가 화가와 수필가가 동일인임을 증명하는 인증화이기도 하고요. 띄엄띄엄 자리한 빨강, 노랑, 파랑색은 무엇을 의미하는 겁니까?”

“생동감이라고나 할까요. 화면 전체에 힘을 불어넣는 활력소 같은 것, 만약 거기에 삼원색이 없다고 생각해 보세요. 어딘지 무기력해 보일 것 같지 않습니까?”

“그림을 살아 있게 하는 생명수 같다는 말에 공감이 갑니다.”

옛날 아주 먼 옛날, 어머니가 만드시던 종이그릇, 종이를 돌확에 절구로 찧어 밀가루 풀로 반죽해서 항아리 뚜껑 안쪽에 헝겊 한 겹 깔고 꼭꼭 눌러 붙인 다음 몇 날 며칠 바람 통하는 그늘에 말려 돌처럼 딱딱해진 종이그릇, 아무렇게나 집어던져도 끄떡없는 종이그릇이 참으로 신기했다.

그로부터 60여 년의 세월이 흘렀다. 나는 지금 물에 잘 풀리는 하얀 화장지에 치자열매나 홍화씨 같은 천연염료로 물을 들여 종이죽을 만들고 있다. 그것으로 종이그릇 대신 종이죽 그림을 그리고 있는 것이다. 어쩌면 어머니가 그립고 어머니가 만드시던 종이그릇이 생각나서 고희를 넘긴 이 나이에 어머니를 흉내 내고 있는지 모른다.

"결국은 어머니였군요. 어머니의 가르침이 김 선생의 지호회화를 낳게 하셨군요. 그렇다면 작업 방향을 아예 이쪽으로 굳히신 겁니까?"

"글쎄요, 아직은 장담 못하겠습니다. 20세기 초, 마티스가 주도한 야수파의 전위작가들처럼 저 역시 늘그막에 실험을 하고 있는지 모릅니다. 그들의 실험미술이 고작 1900~1910년까지 10년 정도의 단명에 불과했던 것을 보면 제가 하는 이 작업이 얼마나 지속될지는 더 두고 봐야겠습니다."

산을 일생의 화두로 정했으니 산이라는 소재가 변경될 리는 없다. 다만 재료를 달리했을 뿐이다. 붓에 의한 물감 칠하기가 아니라 종이죽을 접착제로 붙여 나가는 작업이므로 기법이 달라질 수밖에 없지 않은가? 그러나 언제 또 물감 사용으로 되돌아올지 아니면 다른 방향으로 나아갈지 지금으로서는 알 수가 없다.

마음 숲속에는 수많은 생각들이 넘나들 수 있는 자유의 공간이 아직도 폭넓게 자리하고 있기 때문이다.

거울 속의 노인

세월이 왜 이렇게 빠르냐고 한숨 섞인 푸념을 하면서도 하루가 너무 길고 지루하다는 생각이 들 때가 있다. 아무것도 하는 일 없이 빈둥거리는 날이 더욱 그러한데, 그런 날일수록 뭔가에 쫓기는 것처럼 조바심치며 온종일을 서성이게 된다.

퇴직한 지 어느덧 열두 해, 따분한 날이 겹치고 겹치더니 벌써 그렇게 한세월이 훌쩍 흘러간 것이다. "하루는 길고 한 해는 짧다"라는 우스갯소리를 그냥 지나가는 말로 가볍게 들어 넘길 일이 아닌 듯하다.

거울에 비친 모습이 영락없는 고령의 노안(老眼)이다. 세월 앞에 장사 없다더니 언제 저렇게 늙어 버렸는지. 물기 젖은 이마를 손바닥으로 쓸어 올리며 중얼중얼 또 푸념이다. 날이 갈수록 거울 앞에 서는 것이 거북하게 생각되지만 아침 한 차례씩은 어쩔 수 없이 거울 속의 노인과 맞닥뜨릴 수밖에 없다.

"이보시오 노인장, 그간에 한 일이 무엇이오? 딱 부러지게 해 놓은 일이 있거들랑 어디 한번 말해 보시오. 묵묵부답인 걸 보니 인생 헛살았구려. 젊어서는 미래에 살고 늙어서는 과거에 산다고 했는데 젊어서 꿈꾼 미래가 고작 이것이란 말이오? 자랑 삼아 풀어놓을 과거사 몇 마디쯤은 만들었어야 할 게 아니오?"

이제 와서 지난 세월을 뒤돌아본들 무슨 소용이겠느냐만 그래도 아직은 또렷한 정신이라 이렇게나마 스스로를 다그칠 수 있어서 다행이라는 생각이 든다.

주위를 둘러보면 사람마다 살아가는 모양이 참으로 각양각색이다. 삼시 세끼 밥 찾아 먹는 것이야 크게 다를 바 없겠으나 남아도는 시간을 활용하는 데 있어서는 천차만별이니 말이다. 철 따라 국내여행이나 해외여행을 다녀오는 사람, 간편한 등산복 차림의 산행 운동으로 건강을 찾는 사람, 아코디언이나 색소폰을 배워 음악봉사 같은 뜻있는 사회활동에 동참하는가 하면 일정한 수입이 보장되는 일자리 취업이나 주식 매장을 찾는 사람도 있고, 늘그막에 농사를 짓겠다며 고향 찾아 귀농하는 사람도 적지 않다.

“이보시오 노인장, 알고 보면 사람 사는 게 모두 거기서 거기 아니오? 남의 떡이 커 보인다고 남이 하는 일은 더 근사해 보이는 법이오. 괜히 이것저것 욕심내다가 몸 다칠까 무섭소. 그만하면 노인장도 열심히 살아온 편이니 지난날을 후회한다거나 헛살았다거나 하는 소릴랑은 접어 두구려. 아들딸 잘 키워서 시집장가 보내고 손주까지 얻었으니 자식 걱정 할 일 없고, 텃밭 딸린 시골집 너른 울안에 꽃나무 심고 가꾸면서 세월 보내는 인생이면 됐지, 거기서 무엇을 더 바란단 말이오. 권력? 돈? 명예? 그런 것들 움켜쥐느라 밤낮으로 노심초사한 사람들, 인생을 전쟁터로 삼아 죽기 살기로 싸워 온 사람들이잖소? 그 자리 차지해서 지키느라 야비하고, 치사하고, 더럽고, 억울한 꼴을 수없이 당하고 받아친 그야말로 사전수전 다 겪은 상처투성이 고된 인생이란 말이오.”

작년 가을까지만 해도 의욕이 앞섰다. 그 일을 꼭 해내고야 말겠다며 다짐을 거듭했던 것이다. 그러나 겨울을 보내면서 생각이 조금씩 달라졌다.

대숲에 바람 부는 어느 깊은 겨울밤, 문득 앞으로 남은 내 인생이 머리에 떠올랐다. "어찌해야 하나" 그날도 지금처럼 내가 나를 향해 묻고 대답하는 자문자답이 이어졌다.

"이보시오 노인장, 새로 장만한 옆집을 갤러리로 꾸민다면서요? 아무도 찾는 이 없는 곳에 그걸 만들어서 무엇에 쓰려는 거요? 거기에 들어가는 돈도 수월찮을 텐데 말이 좋아 미술관이지 남부끄러워 말도 못 꺼낼 빈약한 시설이라면 차라리 개인 작업실로 쓰는 게 좋을 것이요. 그림도 보관하고, 작업도 하고, 개방해서 구경꾼이 오면 보여 주기도 하고. 이를테면 그림 사랑방이라고나 할까? 남은 인생이 기껏해야 스무 해 이쪽저쪽일 텐데 사는 날까지 그냥 마음 편하게 사시구랴. 그게 가장 현명한 처사일게요."

날씨가 많이 풀렸다. 봄이 오고 있었다. 〈향인미술관〉 대신에 〈향인당〉이라고 쓴 현판을 내걸어야겠다는 생각을 했다. 그리고 작은 냉장고 하나와 손을 씻을 수 있게 한쪽 자리에 세면대만 들여놓았다. 그림도 높이 걸었다. 마실꾼에게는 등 대고 기댈 수 있는 벽 공간이 필요하기 때문이다. 그렇게 마음을 고쳐먹은 뒤여서 그런지 짓누르던 응어리를 떼어 낸 것처럼 가슴이 한결 가벼워졌다.

"오늘은 무슨 일을 하려오?"

"마실꾼이 볼 수 있게 수필집이나 시집 같은 책을 좀 갖다 놓겠소. 방석도 몇 개 더 깔아 놓고. 찻잔은 꼭 필요하지만 재떨이는 절대로 안 돼요. 이곳도 엄연히 금연 구역이니까요."

"이보시오 노인장, 과분한 일에 욕심 부리지 않고 마음 편히 살기로 오늘 분명히 약속한 거요. 다시는 딴소리하지 맙시다."

김 노인이 거울 속의 노인에게 손을 내밀었다. 거울 속의 노인도 손을 내밀었다. 그리고 둘이 함께 환하게 웃었다.

설산

잔설

● 산너울 264 X 142 캔버스에 유채 2017

5부

삶의 근거

산바람, 산그늘, 산자락, 산 구름, 산너울, 산울림….
허구한 날 왜 산 그림뿐이냐? 불쑥 들이민 질문에 그냥 산이 좋아서라고 대답한다. 들려줄 말이 고작 그것밖에 없어서다. 눈에 비친 산과 마음속의 산, 머릿속을 넘나들며 새롭게 탄생하는 산, 닮은 듯하면서도 닮지 않은 산.
산 그림에서 무엇을 얻겠다고 그토록 헤어날 줄 모르는지 나 스스로도 알 수가 없다. 수천수만 년을 제자리만 지켜 왔다는 우직함이 믿음직스러워서인가? 아니면 신비로움으로 가득 찬 산의 속내 때문인가?

영원한 기억

홀씨로 시작해 홀씨로 돌아가는 민들레처럼 살아 있는 모든 것들은 귀소본능에서 예외일 수 없다. 인간의 의식 또한 마찬가지여서 결국은 돌고 돌아 제자리인 것이 분명한데 내면의 또 다른 의식 세계가 그것을 부정하려 든다. 작가의 입장에서는 창작이라는 자존심과 체면 때문에 더욱더 강하게 부정하고 싶어 한다.

내가 걸어온 창작의 길은 어떠했는가? 인상적 이미지에서 서정적 이미지로, 더 나아가 구조적 이미지까지 섭렵해 보았으나 더 이상의 길이 없음을 깨달았다. 나 스스로가 변화의 한계에 도달했거나, 소재의 빈곤을 느꼈거나, 또는 끝을 알 수 없는 창작의 세계가 너무 광활하여 마음과 몸이 지쳤을 수도 있다.

최근에 이르러 인상적 이미지 시절의 그 젊고 솔직했던 고뇌가 그리워서 주춤주춤 뒤돌아보는 경우가 잦아졌다. 어쩌면 그때의 고뇌 속에 다시 한 번 빠져들고 싶은 소망이 이렇듯 몇 달째 손을 놓게 하는지도 모른다. 머릿속에 뭔가 잔뜩 들어 있기는 한데 선뜻 캔버스 앞에 다가서지 못하는 것은 분명 체면이라는 걸림돌이 작용하고 있다는 증거다. 작가에게는 체면보다 자유로움이 먼저다. 창작의 동기는 마음이 자유로운 데서 비롯되기 때문이다.

작년 한 해에만 구조적 이미지 작품을 60여 점 가까이 제작했다. 6일 만에 1점씩을 만들어 냈다는 계산인데 쉬는 날 없이 하루 일고여덟 시간씩 작업을 강행한 결과였다. 그중에서 고르고 골라 12점으로 부스개인전까지 마쳤으니 그야말로 속전속결 한바탕 북새통을 떤 한 해였다. 그렇게 무리한 탓일까? 결국 병원 신세를 지고 말았다. 전시를 코앞에 두고 혈관 계통에 이상이 생겨 강남 성모병원에 입원하고 시술까지 받았으니 말이다.

오픈 행사에 참석 못한 것도 아쉽지만 그날 먼 길을 찾아 주신 지인들과 자리를 함께하지 못한 것이 더욱더 서운하고 안타깝다. 생각하면 할수록 미안하고 죄송스러울 뿐이다.

영원한 기억으로 남을 불꽃같은 열정, 그것으로 인해 몸까지 상했던 객기를 이제는 접어야겠다. 접어서 가슴속에 고이 간직해 두어야겠다. 휘어질지언정 꺾이지 않는 대나무처럼 두고두고 생각하는 느긋하고 부드러운 고뇌 쪽으로 인생의 방향을 고쳐 잡아야겠다.

정신적 후유증의 숙면이 언제까지 이어질지 알 수 없으나 조바심친다고 해서 될 일이 아닌 듯싶다. 그러나 가슴을 짓눌렀던 구조적 이미지 작업을 다시 취하는 일은 결코 없을 것이다. 칠순을 넘긴 내가 감당하기에는 제작 과정이 육체적으로 너무 버겁다는 것을 체득했으므로 떠나간 연인을 잊듯 그렇게 추억 속에 가지런히 묻어 놓을 것이다.

화업 40여 년 중 인상적 이미지와 구조적 이미지 사이에 끼어 있던 10여 년간의 서정적 이미지 시절로 환원할 수밖에 없을 테지만 그 생각이 언제쯤 작업으로 이어질지는 속단할 수 없다. 왜냐하면 서정적 이미지로 되돌아가야 한다는 나 스스로의 당위성을 찾는 데 시간이 좀 더 필요할 것이기 때문이다.

구조적 이미지가 비록 번민과 육체적 고통을 안겨 준 단명으로 끝나 버렸지만 나의 회화 세계에 한 장르로 남아 있게 될 것은 분명하다. 그래서 후회하지 않는다. 온 정신을 쏟아부은 8,760시간의 선택과 집중이 너무도 소중하기 때문이다.

생각해 보면 그렇게 혼신을 다한 열정이 지난 시절에 이미 한 번 있었던 듯하다. 내가 결혼한 것은 군 생활 일등병 때였다. 두 번의 입영 연기로 입대가 늦어졌는데 병장 계급장을 달았을 때는 아이가 첫돌을 넘어 아장아장 걸었다. 제대 후의 일이 막막했다. 한 가족을 이끌 가장으로서의 준비가 전혀 안 되었을 뿐만 아니라 사병 신분으로서는 무엇을 어찌해 볼 도리가 없었다.

고민에 고민을 거듭하고 있을 때 같이 근무하던 여성 문관 하나가 “중등 교사 채용 시험 공고”라는 신문 쪽지를 건네주었다. 마지막 기회였다. 채용 인원이 많지 않은 미술 교과여서 내게는 생사가 걸린 문제였다. 제대 말년이었으므로 약간의 시간 여유는 있었다. 틈만 나면 책에 파묻혔다. 참으로 무섭게 공부했다. 그리고 몇 개월 후 합격이라는 영광을 안았다. “36개월 8일”이라는 길고 긴 군 생활의 말미에 찾아온 열정의 결과였다.

좋은 아빠가 될 것이라며 부대 정문 앞까지 나와서 손을 흔들어 주던 여성 문관, 나보다 여덟 살이나 위인 고맙고 또 고마운 누님 같던 분, 이제는 팔순 할머니가 되었을 텐데 어디서 어떻게 살아가고 있는지 궁금하다. 그리고 많이 보고 싶다.

사람에게는 누구나 절박한 경우가 있기 마련이다. 가장 절박했을 때 찾아온 기회는 집중으로 이어진다. 그러나 선택이 잘못된 집중은 인생 전체를 후회 속에 몰아넣을 수도 있다. 절박할 때의 선택일수록 신중을 기해야 된다는 이유가 여기에 있다.

첫 번째 기억이 삶의 길잡이가 걸린 물리적 집중이었다면 두 번째 기억은 창작이라는 정신적 집중이라고 할 수 있겠다. 내 인생에 세 번째 기억으로 남을 만한 집중이 또 생길지는 모르겠다만 지금으로서는 두 번의 기억으로 매듭지어졌으면 싶다. 절박한 심정을 딛고 일어서는 집중이야말로 사람의 애간장을 태우는 일이기 때문이다.

리모델링

한 열흘 가까이를 북새통 속에 살았다. 골조만 남기고 다 뜯어 젖혔으니 왜 안 그렇겠는가? 시공 전에는 공사가 그토록 크고 복잡해질 줄 꿈에도 몰랐다. 미리 알았더라면 시작할 엄두조차 못 냈을 것이다. 그나마 숙식할 별채가 따로 있었기에 망정이지 그마저도 없었다면 공사 기간 내내 참으로 큰 어려움을 겪을 뻔했다.

내 나이 쉰 살에 지은 집, 이제는 이십여 년의 세월이 흐른 낡은 옛집이 되어 버렸다. 헌집은 아무리 고쳐도 헌집 티를 못 벗는다고 했지만 기왕에 손대는 것, 새로 지은 집 못지않게 바꿔 놓으리라는 욕심이 일을 더 크게 만들었던 것이다. 이런저런 속을 끓이느니 차라리 리모델링 전문 업체에게 온전히 맡겨 버릴 생각도 했다. 발품 파는 게 돈 버는 일이라고 강조한 어느 전문인테리어의 조언을 듣기 전까지는 말이다.

공사가 끊이지 않고 계속 이어질 수 있도록 분야별로 나누어 일의 우선순위를 정했다. 그러고는 자재상, 실내인테리어, 창문제작업체 등을 직접 방문 상담하면서 필요한 자재들을 적정한 가격에 구입했다. 다시 말하면 부지런히 발품을 팔았다고나 할까?

도어 문을 포함한 창문 교체, 외벽단열재 및 몰딩 처리, 욕실과 주방 공사, 도배와 장판 깔기, 싱크대 설치, 전기시설 등 여섯 개 분야로 나누어 일을 진행했다. 그중 문을 교체하는 일이 첫 번째 순서였는데 거실 창을 비롯한 창문 10개, 도어 문 3개, 미세기 문 2개를 뜯어내는 데 하루 반나절, 보름 전쯤에 맞춰 놓은 문을 갈아 끼우고 마감하는 데 또 하루 반나절, 결국 창문 교체에만 꼬박 사흘이 걸린 셈이다.

외벽단열재 팀이 들어와 일을 시작한 나흘째에는 콘센트를 손보던 전기기사와 욕실 타일을 뜯어내는 사람, 싱크대를 철거하러 온 대리점 기사까지 합쳐 모두 일곱 명이 복작댔다. 고막이 찌르르하도록 울려 대는 드릴 소리, 쇠망치 소리, 타일 깨지는 소리가 한데 뒤엉키고, 거기에 시멘트가루까지 날려 그야말로 정신 못 차릴 정도로 집 안이 어수선했다. '이러다가

지붕이라도 내려앉으면 어쩌지?'라는 엉뚱한 생각까지 드는 것이었다.

다른 집에서는 대부분 점심 식대를 주고 각자가 해결토록 한다는데 우리는 그러지 않기로 했다. 힘이 좀 들더라도 집에서 음식을 장만해 함께 먹기로 한 것이다. 음식점은 우리 집에서 한참 떨어진 읍내 중심가에 있다. 나가는 시간, 기다리는 시간, 먹는 시간, 돌아오는 시간을 생각하면 집에서 점심을 먹는 것이 훨씬 더 이익이라는 아내의 계산이다. 날품으로 계약했으니 실제로 작업하는 시간이 많아야 일을 빨리 끝낼 수 있기 때문이다.

아닌 게 아니라, 점심 식사가 끝나고 담배 한 대씩 피우더니 곧바로 일을 시작하는 것이었다. 마치 집주인이 원하는 게 뭔지를 환하게 읽고 있는 듯했다.

외벽에 단열재 필름을 붙인 다음 그 위에 긴 나무막대를 압착 못으로 고정시키고 석고보드를 두 겹씩 붙인 뒤에 몰딩으로 마감하는 데만 이틀이나 걸렸다. 여섯째 날과 일곱째 날은 욕실과 주방의 타일 작업이 마무리되고, 여덟째 날 도배가 끝났다. 아홉째 날은 나뭇결무늬 타일장판을 깔았는데, 한편에서는 LED전등 갈아 끼우기와 콘센트 설치 작업이 이어졌다. 그리고 그날 오후 싱크대가 들어왔고, 설치가 끝나 갈 때쯤 젊은 기사의 힘을 빌려 장롱 같은 큰 가구 몇 개를 제자리에 옮겨 놓았다.

집 안 정리는 열흘째가 되어서야 시작할 수 있었다. 창틀에 붙어 있는 비닐 테이프를 뜯어내고, 유리창에 묻은 먼지를 닦아 내고, 방바닥을 쓸고 닦고, 구석방에 임시로 층층이 쌓아 두었던 이불이며 옷가지들을 꺼내 먼지를 떨어 정리하고, 다용도실에 질펀히 널려 있는 그릇들을 새 싱크대에 가지런히 올려놓고….

내가 할 일, 아내가 할 일이 자연스럽게 구분되면서 서두르는 일 없이 차근차근 정리해 나갔다. 아침 일찍부터 시작한 일을 점심 먹고도 한참 지난 거의 저녁나절이 가까워서야 끝맺을 수 있었다. 찐 감자와 참외 두어 조각을 새참으로 먹고 나니 피로가 한꺼번에 밀려왔다. 눈꺼풀이 무거워지고 이내 졸음이 왔다.

얼마나 지났을까? 눈을 떴을 때는 창밖에 부슬부슬 비가 내리고 있었다. 빗발이 가늘었다. 땅바닥이 맨송맨송한 것으로 보아 이제 시작인 듯했다. 오랜 가뭄 끝이라 이마저도 반가웠다. 기왕에 시작한 비, 땅속까지 흠뻑 젖어들게 오늘 밤새껏이라도 내려 주면 얼마나 좋으랴.

나는 지금 거실 한가운데에 네 활개를 펴고 누워 있다. 새롭게 단장한 집 안 이곳저곳이 눈에 들어온다. 안방이며 주방이며, 욕실과 거실이며, 나만의 공간인 서재와 화실로 쓰는 작업실 등 어디 하나 흠잡을 데가 없다.

업자의 조언대로 자재도 고르고, 마음에 안 들 때는 얼굴이 벌게지도록 업자와 큰 소리로 실랑이도 벌였다. 그런가 하면 아내가 손수 만든 식혜나 계란빵, 쑥 개떡 같은 새참을 성의껏 내놓기도 하고, 무더운 날씨에 이런저런 뒷바라지를 부지런히 해 주면서 진액처럼 끈끈한 땀방울을 그들과 함께 흘렸다.

서로 다른 방식으로 살아가는 각각의 사람들을 자연스럽게 이해할 수 있는 기회였기 때문일까? 이천오백여만 원 가까이 들어간 공사비가 너무 비싸다거나, 세상 물정을 몰라 바가지를 쓴 것 같다거나 또는 해 놓은 일이 마음에 차지 않는다거나 하는 생각은 결코 해 보지 않았다.

함께 일하면서 배운 것이라면 헌집도 새집처럼 바꿀 수 있다는 것, 다른 사람의 삶을 좀 더 가까이 들여다볼 수 있었다는 것, 그리고 현장을 외면한 채 원칙만을 앞세우고 고집해 왔던 그동안의 내 삶의 방식이 얼마나 고지식했었는지를 어렴풋이나마 알게 되었다는 점이다.

낡은 집이 새집으로 산뜻하게 젊어진 것처럼 내 정신세계 또한 리모델링 해서 싱그럽도록 젊어질 수 있다면 얼마나 좋을까? "참 좋다. 이만하면 정말로 괜찮은 집 아니냐?"라고 혼자 중얼거리면서 저녁 준비를 하고 있는 아내에게 한마디 건넸다.

"여보! 그동안 수고 많았소. 오늘 설거지는 내가 하리다."

뜰에 어둑어둑 어둠이 내리고 있었다. 가느다란 빗줄기는 그냥 그대로였다.

꺾인 나이

건강은 건강할 때 지키라는 말이 어떤 의미인지 그 진의를 깨달았을 때는 이미 건강을 잃어버린 뒤라고 한다. 운동을 왜 하느냐고 물어보면 백인백답 모두 약속이라도 한 것처럼 건강한 삶을 위해서라는 한 가지 답뿐이다. 오래 살고 싶다는 말이 나올 법도 한데 그런 소리는 들어 본 적이 없다. 건강하게 오래 살면 그보다 더 좋을 수는 없겠지만 그러기가 어디 쉬운 일인가?

혼자 힘으로는 걷기가 불편해서 유모차를 앞세워 의지하는 사람, 아직 젊어 보이는데도 발걸음이 기우뚱거리는 사람, 네 발 오토바이를 타고 바깥출입을 나온 사람, 휠체어에 몸을 실어 부축을 받는 사람…. 길가에서 그런 사람들을 만나면 그저 안쓰러울 뿐이었다. 그런데 언제부턴가 그에 대한 생각이 달라졌다. 남의 일 같지 않아 보인다는 느낌이 절실해졌을 뿐만 아니라 "아파 보니 아픈 사람 심정을 알겠더라."는 말이 실감나게 다가오는 것이었다.

오른쪽 무릎에 이상이 온 것은 꽤 오래전부터다. 나이 들면 대부분 퇴행성관절염을 앓게 되는 터라 통증이 심할 때만 간단한 물리치료와 약물 정도로 대충 넘어가곤 했다. 그러기를 십여 년이나 해 왔으니 이번에도 그러다 말겠지 했다.

정월대보름이 지나고 날이 한결 풀어지면 울안이며 텃밭에 손볼 일이 많아진다. 올해는 작년 여름에 매입한 옆집까지 손을 보려니 이것저것 할 일이 많아서 며칠 동안 무리를 했던 모양이다. 그간의 경험으로 보아 이럴 때는 무조건 쉬어야 한다. 무릎에 무리를 주는 그 어떤 일도 하지 않고 오로지 쉬는 길밖에 없다.

찜질팩으로 온찜질을 하고 무릎 안쪽과 바깥쪽에 파스를 붙이기도 했다. 그러나 종아리가 땅기면서 시큰거리는 통증은 쉽게 가라앉을 것 같지가 않다. 몇 해 전 욕실에서 넘어져 허리가 삐끗했던 그때처럼 나 스스로를 단속할 도리밖에 없다는 생각이 들었다. 해야 할 일이 아무리 많다고 해도 일 욕심을 줄이면서 무릎 치료에만 정신을 쏟아야겠다.

인생 칠십이 꺾인 나이라는 말이 있다. 위로 오르다가 좌로

꺾고, 다시 밑으로 꺾은 것이 아라비아 숫자인 "7"자인데 누구든지 칠십 고희에 이르면 몸과 마음이 힘에 부쳐서 두 번씩이나 꺾인 채로 고개 숙인 사람이 되고 만다는 것이다. 누군가 농담 삼아 만들어 낸 말일 테지만 칠십을 풀이한 말솜씨가 그럴듯하지 않은가?

나도 벌써 칠십 둘이나 된다. 언제 그리도 많은 세월이 흘렀는지 생각할수록 아찔하다. 아닌 게 아니라 칠십 고개를 넘고부터는 조금만 무리를 해도 금세 표가 나곤 했다. 체력이 약해진 것은 말할 것도 없고 의욕 또한 많이 시들해졌다. 새로운 일에 도전하기가 꺼려지고 무슨 일이라도 생길까 두려워진다. 풀죽은 인생이 되어 가는 것이 못내 서운하고 안타깝지만 어쩌겠는가? 내 몸이 그런 것을.

앞마당 돌확 옆에 세워 놓은 바람개비가 빙글빙글 돌아간다. 어디서 나타났는지 얼룩고양이 한 마리가 물끄러미 올려다보고 있었다. 가끔씩 야옹 소리를 내 가며 갸우뚱거리는 것이 제 눈에도 무척이나 신기하게 보이는 모양이었다. 회전 속도가 갑자기 빨라졌다. 바람 한 자락이 세차게 불어온 것이다. 주춤주춤 뒤로 물러서던 고양이가 핑그르르 돌아가는 빠른 속도에 놀랐는지 마늘밭 쪽으로 잽싸게 달아난다. 시골집 마당은 늘 이렇게 조용하고 한가롭다. 움직이는 것은 바람에 어석거리는 대숲뿐이고 소리 없이 담장을 넘어오고 넘어가는 얼룩고양이뿐이다.

움직인다는 것은 살아 있음을 뜻한다. 뭔가 생기를 불어넣어 주는 것이 마당에 하나 있으면 좋을 것이라고 했더니 서울 큰아들이 철로 만든 바람개비를 구해 택배로 붙여 온 것이다. 처마 끝에 매달린 청아한 풍경 소리가 귀를 즐겁게 한다면 돌확 옆의 바람개비는 눈을 심심찮게 해 준다.

살다 보면 이유 없이 심란해질 때가 있다. 아무 일도 손에 잡히지 않으면서 괜히 조급하고 불안해지는 마음을 떨쳐 내지 못하는 경우다. 한 번밖에 못 사는 것이 인생인데 살아 있는 동안만큼은 사는 것처럼 살아야 될 게 아니냐고 반문하면서도 어떻게 사는 것이 사람답게 사는 것이고, 행복하게 사는 것인지를 몰라 자꾸만 헷갈리는 것이다.

인격이 고매한 사람은 자신의 내면을 들여다보면서 줄곧 자기반성을 하게 되고, 행복한 사람은 자기 내면보다는 주변에 관심을 두면서 욕심을 덜어 내고자 마음을 다스린다고 한다. 고매한 인격도 좋지만 아픈 데 없이 편한 마음으로 살 수 있다는 게 더 좋을 것이라는 생각이 앞선다. 나날이 행복한 삶을 위해서라면 작은 것에 만족할 줄 알고 적당히 체념할 줄 알아야 하는데 그 조절이 잘 안 되는 것이다.

꺾인 나이라고 칠십을 풀이한 사람은 어찌 살고 있을까? 모르면 몰라도 크게 걱정할 필요는 없을 것 같다. 전성이 자기밖에 모르던 사람도 그 나이에 이르면 자연스럽게 작은 마음이 될뿐더러 스스로 행복해지려고 궁리를 할 것이기 때문이다.

지금껏 굴곡진 먼 세월을 아등바등 살아왔으니 남은 세월만큼은 내 몸 내가 달래 가며 적당히 마음 풀고 건강하게 살아야겠다. 돌아가는 바람개비처럼, 땡그랑땡그랑 울리는 풍경 소리처럼 그렇게 티끌 없이 맑게 살아야겠다.

삶의 근거

시대에 따라 삶의 방식이 달라진다는 사실을 부인할 사람은 아무도 없다. 나이 들어 세상을 바라보는 눈이 바뀌기 시작하면 삶의 철학이나 인생관에 대한 의식 변화가 필연적으로 뒤따르기 때문이다.

서울에서만 다섯 번째 이사다. 그중 아파트가 세 번이고 두 번은 단독주택이다. 젊은 시절에 살았던 춘천과 대전, 고향 동네가 있는 논산 지역까지 합하면 아마도 스무 번 가까이는 되지 않을까 싶다. 직장을 따라 어쩔 수 없이 이사한 경우, 계약 기간이 만료되어 월세나 전세 집을 전전했던 경우, 맹모삼천지교를 실현해 볼 것이라며 아이들 학군을 따라다닌 경우, 재산 증식을 위해 집을 바꾼 경우, 주변 환경이나 교통이 편리한 곳을 찾아다닌 경우 등이 그 이유라고 할 것이다.

교직 생활을 처음 시작한 강원도 춘천의 소양동으로부터 논산 연무읍으로 이어져 온 40여 년에 가까운 세월, 그리고 퇴직 후의 서울 생활에 이르기까지 참 많이도 옮겨 다녔다. 그러나 이제는 그러지 않아도 될 듯하다. 하루 종일 햇살이 내려 살기 좋은 서초동 집을 자식 세대에 뿌리내릴 삶의 근거지로 정했기 때문이다. 평생토록 3대가 한 집에서 같이 살 둥지를 꼭 마련하고 싶다던 큰아들의 오랜 소망이 마침내 이루어진 것이다.

주택이며 아파트가 빽빽이 들어선 도심 한가운데에 어떻게 이런 곳이 있을까 싶을 정도로 주변 여건이 마음에 쏙 드는 동네다. 예로부터 삼대 적선을 하지 않고서는 남향에 동대문 집을 얻을 수 없다고 했다. 사람에 따라 기준이 조금씩은 다를 테지만 대체로 집터와 집이 들어앉은 방향, 그리고 주변 환경이 어떠냐에 따라 주택으로서의 가치가 매겨진다고 할 것이다.

동쪽은 8미터, 남쪽은 4미터 도로가 교차되는 모서리 집 단독주택이다. 아침부터 오후 서너 시까지 햇볕이 들어오는 남향받이라 온종일 집 안이 밝고 따뜻하다. 또한 담장을 터서 주차 공간이 확보되었으며 동쪽 도로변으로 아담한 가게가 셋이나 딸려 있어 매월 일정액의 부수입까지 올릴 수 있다는 점이 구매 의욕을 높인 것이다. 조상님의 음덕 없이 이렇듯 여러모로 유

용한 곳을 어떻게 구할 수 있겠느냐는 것이 식구들의 공통된 믿음이다.

반경 300미터 안에 있을 것은 거의 다 있다. 우선 서울교육대학이 한 걸음에 닿을 만큼 가깝고 농협 등 몇몇 금융기관이며 주민 센터가 근거리에 있다. 교대 사거리를 중심으로 약국, 문방구, 책방, 음식점 등이 즐비하고 약 50미터 전방에 대형마트가 있어 생필품 구입이 수월하다.

도보로 10분 정도면 전철 교대역인 데다 초등학교, 중학교, 고등학교 역시 그리 멀지 않은 곳에 위치해 있다. 시내버스 정류장이 가까워서 대중교통이 편리한 것은 물론이고 남쪽으로는 남부터미널과 예술의 전당, 서북쪽으로는 국립중앙도서관, 서리풀공원, 가톨릭의대 서울성모병원, 강남고속버스터미널 등으로 통하고 있어 나들이하기에 부담이 없다.

주민 센터가 가까우니 문화교실 활용하기가 용이하고, 그 옆 건물의 지하 갤러리를 심심찮게 들락거릴 수 있어 나로서는 금상첨화가 아닐 수 없다. 또 하나 안심되는 것은 이사 온 지 며칠 안 되는데도 벌써 이웃과 인사를 트고 지낸다는 점이다. 도시에서는 이웃 간에 말 나누며 살기가 결코 쉽지 않은 일인데 아무래도 동네 인심이 후해서 그런 게 아닌가 싶기도 하다.

고향 집이 따로 있다. 조상 대대로 물려받은 터에 내 나이 쉰

살 때 지은 집이다. 어렸을 적 그 밭은 목화밭, 콩밭, 마늘밭으로 해마다 돌려짓기를 하던 어머니의 일터였고 놀이터였다. 그래서 더욱 넉넉하고 편안한 마음이다.

부모님이 물려주신 논이 얼마쯤 있었다. 자식 삼남매 뒷바라지한다며 오래전에 처분할 수밖에 없었지만 어머니가 아끼시던 텃밭만큼은 남겨 두었다. 그리고 거기에 집을 지어 고향 집으로 삼았던 것이다.

어머니가 그런 것처럼 나도 역시 울안에 푸성귀 심고 가꾸는 일에 재미를 붙였다. 집 지은 지 벌써 23년이나 되어 작년에는 단열재 보강과 창문 교체, 주방 개조 등 전반적인 리모델링을 했다. 아이들도 자주 내려온다. 멀리까지 펼쳐진 들녘을 내다보며 상념에 잠길 수 있는 지극히 여유롭고 아늑한 집이다. 올봄에도 사과, 아로니아, 앵두나무를 두 그루씩 심었다. 한여름에는 잡초 뽑는 일로 며칠씩 부대끼지만 사는 재미가 그런 게 아니냐며 즐거운 마음으로 일을 만든다.

밤새 봄비가 촉촉이 내렸다. 오늘은 감자를 심고 상추아욱씨도 뿌려야겠다. 무성하게 올라오는 마늘밭에 덧거름도 주고 울금, 생강, 토란 심을 곳에 퇴비도 내야겠다. 농사철에는 고향집에 내려와 마치 귀농인이라도 된 것처럼 밭농사를 지어 가며 선산의 가족 묘지를 돌보다가 농한기에는 서초동 집에 올라가

글도 쓰고, 그림도 그려 가며 이곳저곳 미술관을 돌아보는 일로 여생을 보내려 한다.

기력이 쇠잔하여 더 이상 내려오지 못할 나이가 되면 그때는 내 대신 아들과 손자가 또 고향 집이라고 오르락내리락해 가며 선산을 돌보지 않겠는가? 고향에 우리 가문의 내력을 이어 줄 선산과 고향 집이 있다면 자손 시대에 걸맞은 새 뿌리가 서초동에 굳건히 자리 잡을 것 같아서 얼마나 마음 든든한지 모른다. 다음 주에는 자식이 똬리를 튼 그 서초동 집에 다녀와야겠다.

나의 시대와 자식의 시대, 그리고 손자의 시대로 이어지는 삶의 근거를 다지기 위해서라도 뿌리 뻗음이 줄기찬 작약과 부추, 그리고 꽃이 아름답고 풍성한 모란과 동백나무를 예쁘고 튼실한 화분에 심어 주고 와야겠다.

안개 걷힌 파란 하늘로 참새 떼가 우르르 날아간다. 참으로 화창한 봄날이다.

젖눈 내리는 날

"오늘은 새벽부터 온전히 흥남부둘세."

"새벽부터면 안동역 아닌가?"

"도대체 무슨 말들을 하고 있는 게여? '눈보라가 휘날리는 바람찬 흥남부두에…' 노래도 있잖어? '새벽부터 오는 눈이 무릎까지 덮는데 안 오는 건지 못 오는 건지…'라고 했지 아마?"

"그렇게 들으면 아직은 안동역이 아닌 거 같기도 하고. 날씨도 싱숭생숭 들쭉날쭉 눈 퍼붓다가, 빗발 듣다가, 진눈깨비다가, 이제는 서쪽 하늘이 시퍼런 초가을 하늘이네. 저러다가 언제 또 새까만 구름이 몰려올지 몰라. 어쨌거나 늘그막에도 저토록 신명 날 수 있어서 좋기는 하구먼. 몸져눕는 것보다야 백 번 낫지 않은가?"

"내 나이가 어때서…."

"이제 그만 그만들 하시지."

며칠째 궂은 날씨더니 오늘은 새벽부터 눈발이 날리고 있었다, 눈송이도 제법 컸다. 이대로라면 얼마 안 가서 눈이 하얗게 쌓일 것 같다. 남자 셋이 모이면 없는 호랑이도 만들어 낸다는 옛말이 있다. 제일 흔한 김, 이, 박, 세 성씨가 이른 아침부터 만난 것이다. 인력시장에 나갔다가 궂은 날씨로 일감이 없자 불가에 모여 앉아서 알쏭달쏭한 농담 따 먹기로 아침나절을 보내고 있었다.

"요새 그 사람 고개 삐뚤어지게 생겼어."

"어디 고개뿐인감? 손바닥은 괜찮을는지 몰러."

"선거철이 얼마 남지 않았는데 조용하면 그게 탈이지. 왜 김씨도 정치하게?"

"그래 보겠다고 하면 박 씨나 이 씨가 한 표 찍어 줄라고?"

"김 씨 아니래도 이 나라 잘나가고 있으니 헛소릴랑 그만들하고 어디 가서 딱 한 잔씩만 하고 들어가세."

"'흰 눈 사이로 썰매를 타고 달리는 기분….' 오십 년 전에는 그랬지. 눈만 내렸다 하면 앞집 누렁이도 할 일 없이 컹컹 짖어 대고. 겨울방학 책 표지에는 바둑강아지 한 마리쯤 꼭 그려 있고.”

“첫눈은 밤사이 몰래 살짝 내려 쌓인 것이 첫눈이지, 빗발인지 눈발인지 헷갈리는 것이 첫눈은 무슨 첫눈?”

“그건 그렇다 치고 좌우지간 어서 들어가세. 딱 한 잔씩이라는 거 잊지 말게.”

세 사람 다 육십 대 초반이다. 김 씨는 소규모의 건설업, 이 씨는 음식점, 박 씨는 체인점 비슷한 옷가게를 운영했다. 말이 건설업이지 오랜 불황에 이러지도 못하고 저러지도 못하다가 설비공사로 쥐꼬리만큼 벌어 놓은 돈 까먹는 게 무서워 나온다는 김 씨. 좀 되는가 싶으면 가게 주인이 세를 올리거나 비슷한 음식점이 바로 옆집에 생겨 장사를 해 먹을 수가 없다는 이씨. 가게가 번듯하다고 장사 잘되는 게 아니라면서 계절 지나고 유행 바뀌면 아무짝에도 쓸모없는 옷가지들만 수북이 쌓인다는 박씨.

목구멍이 포도청이라 빈들빈들 놀 수가 없어서 새벽잠 설쳐 가며 나오는데 약골이 무슨 힘을 쓰겠느냐며 손사래를 치는 통에 공치는 날이 많다고 했다. 자영업 하는 사람은 정년퇴임이 없다고들 한다. 그런데 실제로는 그렇지 않은 모양이었다. 불황이 조금이라도 걷히기만 하면 제자리로 돌아가 전력투구할 여지가 남았으니 구조조정으로 일자리를 잃은 샐러리맨보다는 그래도 희망이 있을 것이나 이대로 불황이 계속된다면 아예 일거리 자체가 없어져 참으로 살아가기 힘든 세월이 될 것이라고 했다.

"아주머니, 여기 술 한 병만 더 주세요."
"딱 한 잔씩만 하자 해 놓고 이러면 안 되지."
"자자, 그만 일어나세. 술 더 가져올 것 없습니다."
"말이 그렇다는 거지, 이 잘난 남자들 셋이서 술 한 병이라면 땅 속에 든 개구리도 웃겠다."
"벌건 대낮에 술주정하고 싶어서 이러나?"
"이 씨야, 당신 말 한 번 잘했어. 그래, 벌건 대낮에 집에 들어가서 뭐할라고? 오호라 마나님하고 그 뭐시냐 뽀뽀라도…."
"에끼 이 사람 실없는 소리 그만하고 얼른 일어나게."
"그럼 이 씨는 집에 가 보시고 박 씨랑 한 잔 더 할까?"
"나도 들어가 봐야 될 것 같네. 잘들 해 보쇼."
"백성이 원하는데 낸들 별수 있나 뭐. 나도 그냥 들어갈 수밖에. 가서 내년 봄에 리모델링할 집이라도 알아봐야겠다."
"김 씨 말년 인생 꼬락서니가 참말로 말이 아니네 그려."

육십 대 초반이면 한참 큰돈 들어갈 때다. 노후 보장도 확실하지 않은 데다 아직 결혼 못한 자식도 남아 있고, 가장으로서 해야 할 일이 막중한데 이렇게 일손 놓고 허송세월하자니 참으로 답답할 노릇이었다. 그러나 어쩌랴. 아무리 머리를 짜 내도 일거리가 없으면 속수무책인 것을. 아직까지는 큰 추위가 없어서 그나마 날품팔이라도 찾아 나설 수 있다지만 점점 더 추워지면 참으로 이만저만한 낭패가 아니었다.

세상살이는 점점 더 편리하게 돌아가는데 살림살이는 갈수록 어렵고 힘들어지니 첫눈이 내려도 즐겁지가 않다. 신세타령으로 한나절을 보낸 사람들에게는 하얀 눈송이조차도 일감을 뺏어가는 훼방꾼으로 보였다.

이 씨와 박 씨는 집에 오는 손님을 맞이하는 직업이라 조금은 덜할는지 모른다. 그러나 구걸하듯 일을 따라 밖으로 돌아야 하는 김 씨는 해마다 겨울이 오면 항상 마음이 무거웠다. 셋이 만났을 때 가장 말을 많이 하게 되는 것도 그런 이유에서임을 김 씨 스스로도 알고 있었다.

인생에서 중요한 것은 돈이나 권력이 아니라 가치 있는 삶이라고들 하지만 그건 유식하고 팔자 좋은 사람들이나 하는 말이고, 이렇게 일거리를 찾아 길거리를 누비는 것이 무슨 가치냐며 은근히 부아가 치미는 것이었다.

휘청거리며 골목길을 돌아가는 김 씨의 어깨가 몹시 무거워 보였다. 나풀나풀 떨어져 내리는 눈송이 속으로 그의 뒷모습이 차츰 희미해지고 있었다.

마흔일곱 번째 결혼기념일

탑정호수에 은빛 물결이 잘게 일렁이고 있었다. 한 떼의 물새가 마치 하얀 연꽃무리를 이룬 것처럼 울렁울렁 떠 있고, 봄 햇살을 쬐러 나온 낚시꾼 서넛이 건너편 멀리 가물가물하게 보일 뿐 호수는 텅 비어 있다.

화창한 봄 날씨가 너무 소중해서 아내와 함께 나들이를 나섰다. 관촉사로 갈까 백마강을 돌아볼까 망설이다가 조용하게 시간을 보내고 싶다는 아내의 말에 이곳 탑정호수가 떠올랐고, 탁 트인 공간이 시원스럽게 내려다보이는 레스토랑 '레이크 힐'로 발길을 잡은 것이다.

새내기 부부로 보이는 젊은 남녀가 창가에 앉아 호수 쪽에 눈길을 주고 있었다. 그들 역시도 우리처럼 오늘이 결혼기념일이어서 한적한 공간을 일부러 찾아온 것일까? 다소곳한 모습이 참으로 예의발라 보이는 한 쌍이었다.

색소폰 소리가 창가를 맴돌고 있었다. '실 오스틴'이 연주하는 〈검은 상처의 블루스〉였다.

"세월이 참 빠르네요. 그때 당신은 스물일곱이고 나는 스물다섯이었는데 벌써 마흔일곱 번째라니, 안 그래요?"

시름없이 한마디 건네는 아내의 눈가에 보일 듯 말 듯 눈물이 비쳤다. 그런 아내를 바라보는 내 가슴도 뭉클했다. 어느새 우리 나이가 칠십 넷, 칠십 둘이 되었는가? 벌써 그렇게 많은 세월이 흘러갔다는 말인가? 바람처럼 스쳐 간 세월만도 아쉽고 서러운데 한 맺힌 듯한 색소폰 소리까지 가슴을 헤집고 있으니 마음인들 어찌 착잡하지 않으랴.

나이를 먹는다는 것은 늙는 것이 아니라 기대와 집착과 욕심을 버리는 것이고, 소중함과 감사함을 알고 받아들이는 법을 배우는 것이라고 어느 책에서 읽은 듯하다. 참으로 좋은 말이다. 그러나 버리고 배우는 것은 입으로 할 수 있는 게 아니라 머리와 가슴으로 하는 행동의 실천이 아닌가? 물건처럼 쉽게 버릴 수 있고, 수학 공식처럼 달달 외워서 배워질 수 있다면 얼마나 좋겠는가?

나이가 든다는 것은 결국 많은 어려움을 참고 견디면서 하나씩 깨우쳐 가는 인생 여정을 말하는 것일 테지만 언제 어느 것을 버리고 무엇을 어떻게 배워야 하는지 스스로 판단을 내리기가 쉽지 않다. 그러니 철들자 노망이라는 말이 나올 수밖에.

'카니 프란시스'가 부른 밝고 청아한 노래 〈아름다운 갈색 눈동자〉가 홀을 잔잔하게 메워 가고 있었다. 파란 하늘에는 구름 몇 조각 떠 있고, 그 구름 뒤로 작은 비행기 한 대가 소리 없이 북쪽을 향해 날아가고 있었다. 나이를 먹으면 먹을수록 옛것에 대한 그리움이 더욱 절절해지는가? 살아온 날들이 잔물결 위로 하나둘 떠오르기 시작한다.

육군 일등병에게 시집온 여자, 남편이 군에서 제대할 때까지 혼자서 아이를 키워 가며 외로움을 달래야 했던 시간들, 강원도 춘천역에서 세 식구가 첫 발령지를 찾아가던 날은 보슬비가 내렸었지. 2남 1녀는 돼야 한다며 끝내 고집을 꺾지 않던 아내, 살림에 보태겠다고 구슬 꿰기, 시보리 뜨기, 폐백닭 만들기를 손에서 놓지 않았던 생활인, 연년생이나 다름없는 세 아이에게 맹모삼천지교(孟母三遷之敎)를 실현해 보겠다며 대전으로, 서울로, 십수 번씩이나 이사를 다닌 억척빼기 엄마가 아니었는가?

어려서는 부모님을 따르고, 결혼해서는 남편을 따르고, 늙어서는 자식을 따르는 것이 여자의 운명이라고 생각해 온 아내였다. 우리에게 나이를 먹는다는 것은, 나로 하여 자식이 태어났으니 성년이 되고 짝을 만나 독립할 때까지 자식과 함께 고민하면서 헤쳐 나가는 역경의 세월이 아닌가 싶다. 늙어서 자식을 따라야 한다는 아내의 인생론에 언제부턴가 나 역시도 공감했기 때문이다.

봄볕에 묻어왔는지 여러 마리의 물새가 호수 위에 미끄러지듯 내려앉았다. 한가운데쯤 떠있던 물새들은 산 그림자가 드리워진 호수 가장자리로 옮겨 갔다. 물새들도 풍족한 먹잇감을 찾기 위해서는 사람처럼 부지런히 발품을 팔아야 되는가 보다.

아침나절 아내와 함께 회양목 열댓 그루를 옮겨 심었다. 구덩이가 너무 작다느니, 뿌리에 묻은 흙을 떨어내지 말라느니, 이만하면 괜찮다느니 해 가며 티격태격 말씨름을 했지만 결국은 이렇게 마주 보고 앉아서 지난날을 되돌아보며 이야기를 나눌 수 있다는 것, 그것이 바로 나잇값을 하는 게 아닌지 모르겠다.

세월이 더 흘러 금혼식이나 회혼식 때도 오늘처럼 나무를 심고, 조용한 레스토랑에 앉아 아내가 좋아하는 담백한 스테이크를 먹어 가며 흘러간 팝송으로 추억을 아로새길 수 있으면 좋겠다. 아옹다옹하면서라도 지금처럼 건강하게 살았으면 좋겠다.

축제는 끝났다

2호부터 200호까지 선별된 작품 34점을 전시한 임립미술관의 산바람전이 끝났다. 다섯 번째 개인전으로 28일간의 축제였다. 지나고 보니 가슴을 은근히 옥죄이는 긴장과 번민의 시간들이 아니었나 싶다.

후기 인상파의 중심인물이었던 빈센트 반 고흐. 38세의 나이로 생을 마감한 그의 짧은 일생 중 예술가로 활동한 기간은 겨우 10여 년에 불과했다. 살아생전 단 한 번의 개인전도 갖지 못했지만 정신분열증에 시달리면서도 자살로 생을 마감하기까지 대략 2,000여 점의 작품을 남겼으니 그림에 대한 그의 열정과 집착이 얼마나 무섭고 강렬했는지를 알 수 있다.

나는 빈센트 반 고흐보다 거의 두 배에 가까운 일생을 살고 있다. 개인전도 다섯 번이나 열었다. 그러나 지금까지 그린 그림은 습작, 스케치 등을 모두 합쳐도 500여 점이 될까 말까다. 고흐에 비하면 턱없이 부족한 숫자다. 확고한 작품 세계도 미미할뿐더러 자신 있게 내세울 만한 대표작 하나 없이 한적한 시골에 묻혀 사는 무명작가에 지나지 않는다.

임립미술관의 부관장이며 수석큐레이터인 '신은주' 박사는 나의 〈산바람전〉을 다음과 같이 평하고 있다.

"김회직 작가의 작품 제목은 〈산바람〉이다. 산의 외형적인 모습보다는 산이 가지고 있는 생명의 기운, 산을 형성하고 존재하게 하는 힘, 산이 품고 있는 자연의 운동력을 '바람'이라는 말로 표현하고 있다. 작가는 산의 시각적 특성을 바탕으로 산이 품고 있는 생명의 에너지를 조형한다고 할 수 있다.

산을 그린다기보다는 산의 기운을 그려 낸다는 말이 더 어울리는 작품이다. 시간과 공간의 지배를 받는 실존으로서의 '산'이 아니라, 산을 존재케 하는 영원불멸의 '본질'을 보여 주고 있는 것이다. 그래서 그런지 작가의 작품에서는 인간 존재의 흔적은 사라지고 조물주의 위대한 섭리만 느껴진다.

신의 운행이 바람처럼 산을 휘감아 돌며 연주하는 웅장한 자연의 노래를 듣는 것 같은 신비가 그림에 가득 펼쳐진다. 마치 신선이라도 나타날 것 같은 분위기가 감도는 작가의 작품을 바라보고 있노라면 복잡한 일상을 떠나 조물주의 세계로 진입하는 것 같은 착각을 불러일으킨다.

작가는 전통적인 유화의 사실 묘사에서 벗어나 습윤유채(濕潤油彩)의 표현 기법을 발전시켜 시공을 초월하는 산, 즉 자연의 존재를 색면과 색점으로 연결하는 추상적이고 평면적인 화면 구성, 그리고 여러 단계의 작업 과정을 거치면서 산의 모습을 더욱 신비롭게 형성해 가고 있다."

나는 작가 노트에 이렇게 기록했다. 수천수만 년을 오직 한 자리만 지켜 왔다는 우직함이 미더워서일까? 아니면 신비로움으로 가득 찬 산의 속내 때문일까? 가슴속에 산을 품고 살아가는 산사람처럼 나 또한 평생토록 산 그림에서 벗어날 수 없을 것 같다. 눈에 비친 산과 마음속의 산, 머릿속을 넘나들며 새롭게 탄생하는 산. 닮은 듯하면서도 닮지 않은 산. 색점을 찍고, 긁고, 덧칠하는 작업을 여러 번 반복하다 보면 서로가 서로를 소멸시키거나 또는 은밀하게 침투하면서 다양한 색깔의 궤적이 만들어진다.

내가 찾는 산, 눈으로 짐작하고 마음으로 느낄 수 있는 산은 매번 그렇게 해서 태어난다. 그러나 아직도 할 일은 많다. 형체의 단순화는 물론이려니와 깊고 선명한 색감의 조화, 바람의 속도로 상징되는 무채색의 배열, 색깔의 궤적이 만들어 낸 질감의 디테일한 밀도에 이르기까지 더욱더 치밀하고 탄탄한 구성을 필요로 하기 때문이다.

지극히 짧은 일생을 살았으면서도 빈센트 반 고흐가 훌륭한 작품을 많이 남길 수 있었던 것은 그의 불같은 열정과 집착에 가까운 집중 때문이다. 10년 동안에 2,000여 점이라는 엄청난 사실이 그것을 증명하고 있다. 참으로 놀랍지 않은가? 몸을 사리지 않은 열정과 정신적 고통이 캔버스에 고스란히 담겨 있는 그의 험난한 인생 역경을 보는 듯하다.

개인전 횟수가 많다고 해서 결코 작품성이 뛰어나다고 말할 수는 없으리라. 고흐처럼 자신을 치열하게 몰아붙이는 사람, 그렇게 자신만의 방식대로 솔직한 그림을 그려 낸 사람이라면 비록 개인전 한번 없는 관심 밖의 인물이었을지라도 사후에 빛을 발하는 작가로 이름을 남길 수 있지 않을까?

관람객들의 반응은 그런대로 괜찮은 듯하다. 오픈식 날 "이룩해 놓은 것 하나 없이 나이만 먹었습니다."라고 한 인사말이 다소 위안을 받는 것 같아서 천만다행이다. 남은 것은 팸플릿 몇 장과 방명록 한 권, 그리고 축하 화분 2개뿐이었다. 그림들을 켜켜이 쌓아 싣고 돌아오는 길은 한여름 땡볕이 차창을 뜨겁게 달구고 있었다. 진땀이 배어나올 정도로 무더운 날씨였지만 가슴은 왠지 서늘하고 허허했다.

빈센트 반 고흐의 열정과 집착을 조금이라도 배울 수만 있다면, 문득 그런 생각이 들었다. 오늘 밤은 다 내려놓고 아무 생각 없이 잠이나 푹 자야겠다.

담장에 대한 소고(小考)

처음부터 담장 생각을 왜 못했을까? 벌써 24년이 흘렀다. 하기야 그 시절에는 그럴 수밖에 없었지. 아이 셋이 모두 대학에 다니고 있었으니 집 짓기에도 빠듯해서 내심 허우적대지 않았는가?

그때만 해도 전원주택이 나와는 무관하다고 생각했다. 집을 짓겠다고 마음먹었을 때는 혹 그랬을지 몰라도 일을 시작하고 보니 생각보다 많은 돈이 들어갔다. 돈 나올 곳이라고는 얼마 안 되는 월급뿐인데 정원 조경에 신경 쓸 여유가 없었던 것이다. 삐뚜름하고 허름한 시멘트 틀 담일 망정 있는 그대로 사용할 수밖에.

담장이란 외부로부터 수시로 드나드는 나쁜 기의 침입을 예방하고, 집 안 고유의 기를 지키기 위해 세우는 일종의 보호벽이다. 서민층보다 상류 주택으로 갈수록 담장이 높다. 아무래도 감추고 숨길 게 많다는 이유도 있을 테지만 일종의 권위의식이나 존엄을 내세우기 위한 의지 표명이라고도 볼 수 있으리라.

만약 담장을 없앤다면 어찌 될까? 외부의 나쁜 기가 함부로 들락거리고, 울안이 빤히 들여다보여서 정서가 불안하며 산만해 보일까? 아니면 담장이 없으니 아무것도 가져갈 게 없다며 얕잡아 볼까? 생각에 따라 느낌이 각각 다를 테지만 거치적거리는 게 없어서 오히려 시원타 하는 사람도 많으리라.

요즘 짓는 전원주택들은 아예 담장을 없애는 경우가 많다. 경계를 표시한다며 돌 몇 덩이 갖다 놓거나, 나지막한 철골펜스를 둘러 세우거나, 키 작은 나무를 나란히 심어 울타리로 마감한 집들을 흔히 보게 된다. 숨기고 감추는 것이 아니라 이웃과 터놓고 지내는 소박한 삶을 있는 그대로 보는 것 같아서 마음까지 훈훈해진다.

시대가 변하면 의식 또한 달라지는 법인가? 담장이 높은 집을 보면 우선 거부감이 앞선다. 도심에 있는 단독주택들이 대체로 그러한데 붉은 벽돌이 사람 키보다도 높게 둘러싸여 있어 마치 교도소 담벼락을 올려다보는 듯하다. 그렇게 담이 높은 집들은 바로 옆집과도 왕래가 없을 것이 분명하다. 밀집된 집들로 하여 가뜩이나 햇빛이 차단되는 골목길에 담장까지 높아서 대낮인데도 어스레하게 느껴지기 일쑤다.

전통 한옥은 앞문, 뒷문, 쪽문, 들창문 같은 창호 문이 여러 개다. 지나가는 바람조차 한 번쯤 기웃거리고 싶은 작은 문들이 많다 보니 완벽한 문단속이 어려울 수도 있다. 담장을 꼭 필요로 하는 것이 바로 그 점 때문이기도 하리라.

양옥 형식의 단독주택은 육중한 현관문이나 뒤뜰로 이어지는 다용도실 철제문이 전부다. 거기에 자동식 잠금장치를 달았고, 창문은 방범 유리에다 방범 틀까지 설치해 놓았으니 담장이며 대문은 가구주의 프라이버시에만 관계될 뿐 외부로부터의 침입과는 크게 관련이 없다고 해도 무방할 것이다.

굳이 담장을 세워 안과 밖을 차단시켜 가며 스스로를 틀 속에 가둬 둘 게 아니라 이웃과의 소통은 물론이고 자연을 집 안까지 끌어들이겠다는 여유로움이 전원주택을 찾는 사람들의 꿈이 아닌가 생각된다.

산울타리를 할 때는 수명이 짧거나 너무 빨리 크는 나무는 적합하지 않다. 따라서 심기 전에 먼저 어떤 나무가 적당하고 크기는 어느 정도로 할 것인지를 미리 염두에 두는 것이 기본상식이라고 할 것이다.

사철나무나 쥐똥나무, 또는 무궁화나무 울타리를 흔히 볼 수 있는데 나는 회양목을 선택했다. 회양목은 상록활엽수로 공해에 강하면서 번식과 이식이 잘된다. 빠른 자람의 본보기가 오동나무라면 늦자람의 본보기는 회양목이 아닐까 싶다. 모아심기가 적합할뿐더러 손질하기도 용이해서 버섯이나 공 모양, 또는 탑 모양 심지어는 동물 모양까지 여러 모양을 만들어 낼 수가 있다.

해마다 봄이 되면 어린 새끼회양목을 울안 여기저기에서 보게 된다. 지난해에 떨어진 씨앗이 싹을 틔운 것들이다. 눈에 띄는 대로 담장을 따라 촘촘하게 심고 가꾸었더니 이제는 허리까지 올라올 만큼 키가 자랐다.

바람 끝이 부드럽고 햇살이 따뜻한 날 스물다섯 해를 지탱해온 시멘트 틀 담을 뜯어냈다. 그리고 그 자리에 회양목을 한 줄 더 심었다. 감나무며 라일락, 벚나무, 산수유, 개나리, 목련, 남천, 찔레꽃, 박태기나무 등이 회양목 가운데로 띄엄띄엄 심어져 있어 어렵지 않게 산울타리를 만들 수 있었다. 지금 당장은 들쭉날쭉 어수선해서 볼품이 없으나 한두 해 지나고 나면 야트막하게 손질된 회양목과 키 큰 나무들이 잘 어우러져 제법 그럴듯한 산울타리를 볼 수 있을 것이다.

옮겨 심은 나무가 계속된 가뭄으로 하여 시들시들 생기가 없어 보였는데 오락가락하는 장맛비가 뿌리까지 흠뻑 젖어들었는지 작은 잎사귀들이 반질거리도록 싱싱해졌다. 살아날 가망이 없어 보이는 나무가 너덧 그루 있기는 해도 혹시 몰라 뽑아내지 않기로 했다. 뒤늦게라도 잎사귀가 푸릇푸릇 살아나는 경우를 종종 보아 왔기 때문이다.

지나가던 사람들마다 백합꽃이 하얗게 핀 울안을 유심히 바라보기도 하고, 어떤 때는 시원하고 깨끗해서 좋다며 한마디씩 건네기도 한다. 소통을 방해했던 주범이 담장이었다는 사실, 이웃 간이나 동네 사람과의 소통은 물론이려니와 처음 보는 외지인과도 안면을 틀 수 있는 것이 산울타리라는 사실이 확실하게 증명된 셈이다.

세월이 흐를수록 회양목 산울타리는 점점 더 촘촘해지고 아름다워질 것이다. 그리고 따뜻한 웃음의 눈길과 진솔한 이야기들이 수시로 넘나드는 마음의 건널목이 되어 주리라 믿는다.

메주 쑤는 날

오늘은 메주를 쑤는 날이다. 이른 아침부터 장독대 모서리로 혹처럼 이어붙인 가마솥 화덕에 불이 붙었다. 콩은 네 말이 채 안 되지만 솥이 작아서 세 번으로 나누어 삶는단다. 하룻밤 물에 불렸다고는 해도 메주콩답게 잘 익히려면 한 번에 두세 시간은 족히 걸릴 것이라고 했다.

해마다 입동 때가 되면 논마지기나 짓는 집에서는 메주 쑤는 일이 아낙네가 치러야 할 가장 큰 행사였다. 식구들의 삼시 세 끼는 물론이고 논일이나 밭일하러 온 일꾼들의 밥상이며 찾아오는 손님의 상차림에 이르기까지 가장 많이 쓰이는 기본 식재료가 간장과 된장인데, 그 간장 · 된장이 바로 메주 쑤는 일에서 비롯되기 때문이다.

예로부터 장맛을 보면 그 집 부엌살림을 안다고 했다. 장맛이야말로 아낙네의 음식 솜씨를 있는 그대로 보여 주는 것이어서 장 담기에 온갖 정성을 기울였던 것이다. 그러기에 '손 없는 날'이어야 하고 기왕이면 화창한 날씨에다 바람까지 잠잠한 날이어야 했다. '손'이란 동서남북을 이리저리 옮겨 다니며 사람의 일을 방해하는 귀신을 말한다. 음력으로 1이나 2가 들어가는 날은 동쪽에 손이 있고, 3이나 4가 들어가면 남쪽, 5나 6이 들어가면 서쪽, 7이나 8이 들어가는 날은 북쪽에 있으며 9와 10이 들어 있는 날은 손이 하늘로 올라가 버린대서 이 날을 '손 없는 날'이라고 했다.

음력 스무아흐레니 손 없는 날이 분명하고, 미세먼지가 보통에서 좋음으로 간다는 인터넷 기상예보까지 확인했으므로 아내의 손놀림과 발걸음이 가벼울 수밖에 없다.

김장용 비닐주머니 두 개와 쌀 포대 한 장, 그리고 메주 틀과 깨끗한 보자기 하나를 찾아 장독대에 올려놓고 먼저 물을 끓이기 시작했다. 콩 누룽지가 덜 생기려면 팔팔 끓는 물에 콩을 넣어야 하고, 센 불로 우르르 끓인 다음 약한 불에 오래도록 뜸을 들여야 하는데 불 다루기를 마치 어린애 보듯 해야 되는 것이 메주콩 삶기라는 것이다.

아내가 화덕 앞에 앉아 불을 지피는 동안 나는 마루 위에 볏

짚을 두툼하게 깔았다. 엊그저께 양지바른 담장 앞쪽을 골라 작은 메주덕장까지 엮어 세웠으니 준비할 것은 모두 준비된 셈이다.

갑자기 콩물이 부글부글 넘쳐흘렀다. 조바심치도록 마음이 급해 오는데 아내는 별게 아니라면서 천천히 솥뚜껑을 열고 들기름 서너 방울을 떨어뜨렸다. 솜사탕처럼 하얗게 부풀어 오르던 거품이 신기하게도 금세 착 가라앉는 것이 아닌가. 들기름의 어떤 성분이 저토록 맹렬하게 끓는 물을 다독이게 하는지 참으로 기이했다.

노릇노릇해진 콩을 깨물어 보고, 손으로 눌러 쉽게 으깨지는 것을 보더니 다 익었다며 대소쿠리에 삶은 콩을 옮겨 부었다. 소쿠리 밑으로 노랗게 삶아진 콩물이 방울방울 새어 나왔다. 그렇게 모아진 콩물진액은 그냥 버리는 것이 아니라 딱딱해진 묵은 된장에 부어 치대 놓으면 몽글몽글하게 풀어져서 새 된장 맛과 별반 다를 게 없다는 것이다.

첫 번째와 두 번째 삶은 콩으로 메주 열 개가 만들어졌다. 계산대로 하면 세 번째도 다섯 개를 만들어 모두 열다섯 개가 될 터이다. 그러나 홀수는 홀아비장이어서 안 된단다. 짝수인 열네 개로 끝내야 한다며 메주 크기를 달리해 다섯 개 만들 것을 네 개로 줄였다. 메주 숫자에까지 관여해 온 세시풍속이 오밀

조밀하도록 재미있었다.

볏짚 위에 열네 개의 메주 덩어리가 가지런히 놓여 있다. 일찍 만들어진 메주는 벌써부터 옅은 갈색으로 변해 굳어 가고 있었다.

대문 밖으로 보이는 들녘이 휑하게 텅 비어 있다. 빈 들녘 멀리까지 오후의 식은 햇살이 피곤한 듯 가늘게 떨어져 내리고 있었다. 일찌감치 으슬으슬해진 바람결은 동면으로 가는 계절의 변화를 귀띔해 주는데 겨울철새 몇 마리만 북쪽 하늘로 하느작거리며 날아가고 있었다. 겨울 초입에 와 있으니 응당 그럴 일이었다.

문득 어느 여가수가 부른 〈인생이란〉 노래가 떠오른다. 어디서 왔다 어디로 가는지 알 수 없는 게 인생이라며 살아갈수록 외롭고, 웃어도 가슴이 아프단다. 검은 머리가 하얘지는 것이 당연한데 왜 눈물이 나는지 모르겠고, 욕심을 버린 후에야 얼마나 바보스럽게 살아왔는지를 알 수 있었단다. 그래도 내일이라는 희망이 있으니 당신만 곁에 있어 주면 진흙길도 행복할 것이라는 인생 여정을 담은 내용이었다.

흔하디흔한 사랑이나 이별 타령이 아니라 인생이 무엇인가를 묻는 노랫말이 좋기도 하지만 가슴 깊숙한 곳에서 끌어올리는 듯한 가수의 애절한 목소리가 듣는 이의 마음을 더욱 뭉클하게 하는 노래였다. 인생이란 결국 하루하루의 삶이다. 살다 보면 슬프고 즐겁고 외로운 때가 얼마나 많은가? 그러나 어느 누구라도 슬프면 슬픈 대로 또 즐거우면 즐거운 대로 그렇게 어려운 시간들을 마음속에 녹여 가며 살아가지 않던가?

햇살이 가늘어지고 바람결도 더 냉랭해졌다. 뒷마무리까지 마저 끝냈을 때는 울안 앞뒤 뜰로 어둑어둑 어둠이 밀려오고 있었다. 오늘이라는 하루, 메주 쑤는 일을 조금 거들어 준 것뿐이지만 옛 선인들이 물려준 지혜를 살림에 제대로 활용하고 있는 것 같아서 일하는 동안 내내 마음이 흡족했다.

사나흘 후 메주가 어지간히 굳었다 싶으면 그물망태기에 한 개씩 넣어서 메주덕장에 걸어 놓는 일만 남았다. 그물망에 씌워 걸기 전에 볏짚으로 메주를 열십자로 묶어 매는 일이야 메주 만들기의 기본 상식이므로 그 일만큼은 아내가 일러 주지 않아도 자신 있게 해낼 수 있을 것 같았다.

● 산바람　　129.0 X 55.2 캔버스에 유채 2018

6부

돌샘에 담긴 세월

산은 처음부터 끝까지 미지의 공간이고 인내의 공간이다. 겉으로 보기에는 무겁게 가라앉은 침묵뿐인 것 같아도 깊은 속은 살아 움직이는 생명감으로 충만해 있다. 산과 씨름하며 보낸 그 오랜 시간들, 이제야 뭔가 잡힐 듯 다가오는 것이 감지된다. 어느 한순간에 도망치듯 뛰쳐나온 충동적 변화가 아니라 구체적 형상이라는 불변의 자연 질서를 거역하지 않으면서 조금씩 달라지려고 애를 쓴 탐구의 덕분이고 보람인 듯하다.

말의 힘, 말의 매력

내 생각을 남에게 전달하는 수단이 곧 말이다. 말은 타이밍과도 관련이 깊다. 타이밍을 놓친 말은 호소력이 반감될뿐더러 안 하니만 못할 경우가 있다. 또한 말이 전달되는 속도와 느낌은 극히 짧아서 상대에게 기쁨을 줄지 상처를 줄지 일일이 따져가며 말하기란 쉽지 않다. 아니, 대단히 어려운 노릇이다.

살아 있는 한 수없이 말을 해야 하고 또 수없이 남의 말을 들어야 한다. 바른 정신에서 비롯된 지적 수준이나 높은 인격에서 우러나오는 말은 그 말 자체가 감동이므로 많이 들을수록 좋을 테지만 그렇지 못한 말들은 듣는 대로 마음에서 자꾸 지워내야 한다. 자신도 모르는 사이 말에 오염되는 것을 예방하기 위해서다.

예나 지금이나 사람이 모인 곳에서는 나라 돌아가는 이야기가 으뜸인 모양이다. 탄핵 이야기가 나오면 촛불 집회와 태극기 집회가 나오고, 누가 지지율이 앞서고 뒤처지는지, 누구는 아예 대선 출마 감이 아니라 커니, 당이 하도 많아서 누가 무슨 당으로 몸을 바꿔 들어갔는지 헷갈린다는 둥 말하는 품새마다 모두 전문가 수준이다.

별생각 없이 하는 말이라도 듣는 사람 입장은 사뭇 다른 것이어서 자기 마음속에 둔 사람의 험담이다 싶으면 곧바로 언성을 높이는 말다툼으로 이어지기도 한다. 아침저녁으로 드나드는 동네 경로당 풍경이 이럴진대 직접 나라를 경영코자 하는 사람들이야 더 말해 무엇 하겠는가?

〈낭만닥터 김 사부〉라는 연속극이 있었다. 온갖 질시와 모함을 이겨 내는 양심적이고 용기 있는 실력파 의사의 이야기였다. 김 사부의 출중한 연기력, 극중의 유머러스한 대화, 지루하지 않은 사건 전개에 매료되어 처음부터 끝까지 꼬박꼬박 시청한 드라마였다. “유명 의사나 최고 의사보다는 환자가 원하는 의사가 되고 싶다”던 김 사부의 말이 인상적이었다. 진실이 담긴 말 한마디는 듣는 사람의 마음을 황홀하게 할 만큼 강한 힘을 갖게 되는 모양이다.

동서고금을 막론하고 말로 흥망성쇠한 역사가 어디 한둘인가? '가는 말이 고와야 오는 말이 곱다.' '낮말은 새가 듣고 밤말은 쥐가 듣는다.'와 같이 흔히 쓰는 것 말고도 전해 오는 명언이나 속담이 부지기수인 것을 보면 말처럼 중요하고 무서운 게 또 있을까라는 생각이 든다.

길은 갈 탓, 말은 할 탓 / 혀 아래 도끼 들었다 / 말이 씨 된다 / 말이 많으면 쓸 말이 적다 / 가루는 칠수록 고와지고, 말은 할수록 거칠어진다 / 말 많은 집 장맛도 쓰다 / 웃느라고 한 말에 초상난다 / 관 속에 들어가도 막말은 하지 마라 / 입찬소리는 무덤 앞에 가서 하라 / 음식은 갈수록 줄고 말은 갈수록 는다 / 말이 고우면 비지 사러 갔다가 두부 사 온다 / 쌀은 쏟고 주워도 말은 하고 못 줍는다 / 앞에 할 말 뒤에 하고 뒤에 할 말 앞에 하고 / 남의 말 다 들으면 목에 칼 벗을 날 없다 / 내 말은 남이 하고 남의 말은 내가 한다 / 부모 말 들으면 자다가도 떡이 생긴다 / 남의 입에서 나오는 말보다 내 입에서 나오는 말을 잘 들어라 / 열 벙어리가 말을 해도 가만히 있어라 / 죽마고우도 말 한마디에 갈라진다 / 현인은 자기 눈으로 본 것을 말하고 어리석은 자는 자기의 귀로 들은 것을 남에게 말한다 / 친절한 말은 봄 햇살보다 더 따사롭다 / 세 치 혓바닥으로 다섯 자 몸을 죽이기도 하고 살리기도 한다 / 좋은 말은 생명과 같고 나쁜 말은 멸망과 같다 / 말도 아름다운 꽃처럼 그 색깔이 있다 / 좋

은 말 한마디가 나쁜 책 한 권보다 낫다 / 믿음이 있는 말은 아름답지 않고 아름다운 말은 믿음이 없다 / 거짓말은 눈사람 같아서 오래 굴리는 만큼 커진다 / 어떤 충고일지라도 길게 말하지 말라 / 말하고자 하는 바를 먼저 실행한 다음에 말하라 / 말은 꿀벌과 같아서 꿀과 침을 가졌다 / 거짓말을 한 그 순간부터 뛰어난 기억력이 필요하게 된다….

말이 많다는 것과 말을 잘한다는 것의 차이는 무엇일까? 경솔해 보여서 믿음이 덜 가면 말이 많은 것이고, 사리가 분명해서 믿을 만한 경우는 말을 잘한다고 할 것이다. 그러나 노래 잘하는 사람이 노래 부르기를 좋아하는 것처럼 말 잘하는 사람이 말하기를 좋아하는 것은 당연지사 아닐까? 실제로 그런 사람을 주변에서 많이 보아 온 터라 말을 잘하건 못하건 일단 말이 많으면 금방 실증을 느낄 수밖에 없다.

나이 들수록 말이 많아진다는 사실을 부정할 사람은 아무도 없다. 말만 많아지는 게 아니라 인내력이 부족해서 참지를 못하고 역정도 많이 낸다. 세상을 많이 살았다며 남의 말을 듣기보다는 지적하기 바쁘고, 노인이라는 열등의식 때문에 괜한 고집 부리기와 생트집 잡기 일쑤다.

고희를 넘겼으니 나도 분명 늙은이다. 노년의 말 자랑과 말조심, 행동 조심이야말로 품위 있는 노인이 갖춰야 할 필수 조건임에 틀림없는데 내가 그런 사람인지 아닌지 나로서는 판단이 잘 안 선다. 어쨌든 세상만사를 이기려 들지 말고 그냥 지는 듯이 살면 그런대로 괜찮은 노인이란 말을 듣게 되지 않을까? 노인 노릇 하기 참 어렵겠구나.

삼색병꽃나무와 인생

봄에서 여름으로 넘어가는 5월 중하순쯤 회양목 산울타리를 비집고 올라와 알게 모르게 혼자 피고 지는 꽃이 있다. 자신을 드러내고 싶지 않은 촌스러운 꽃, 이름하여 삼색병꽃나무다.

처음 필 때는 흰색 꽃이다가 날이 갈수록 점차 연홍색으로 바뀌고, 꽃이 질 때는 자주색 비슷한 붉은색으로 변해 시들시들 말라 떨어진다. 꽃이 한꺼번에 떨어지는 게 아니라 피고 지는 것이 연속적으로 이어져서 한 나무에 흰색, 연홍색, 붉은색의 삼색 꽃이 동시에 피는 것처럼 보인다.

사람에게 초년, 중년, 노년기가 있는 것처럼 삼색병꽃나무도 그렇게 세 번의 변화를 겪고 나서야 꽃으로서의 생을 마감한다. 탐스럽게 생긴 모란이나 짙은 향기를 뿜어내는 백장미 같이 시선을 한 몸에 받는 화사한 꽃이 아니다. 있어도 그만 없어도 그만인 듯한 작은 꽃송이들이 다닥다닥 매달려서 가까이 다가가야만 비로소 각각의 색깔을 확인할 수 있는 지극히 소박하고 수수한 꽃이다.

쉰 살 때 집 지으면서 같이 심었던 삼색병꽃나무, 퇴직하기 전 열두 해와 퇴직 후의 열세 해를 살았으니 꼬박 스물다섯 해를 함께 살아온 셈이다. 세월이 언제 그렇게 빨리 흘러갔는지 어느덧 칠십 대 중반을 넘어섰다. 삼색병꽃으로 치면 연홍색을 지나 붉은색 쪽으로 기우는 나이가 된 것이다.

돌아보면 무엇 하나 크게 내세울 것 없는 평범한 인생을 살아왔다. 그렇다고 이미 지난 세월을 후회하고 싶지는 않다. 나를 드러내기 위해 억지를 부리거나 남에게 해를 끼치며 살아온 인생 같지는 않기 때문이다. 하늘이 감동할 만큼 피나는 노력은 못해 보았어도 주어진 일상에 게으름을 피우는 일은 없었다고 자부하고 싶다.

철학자 김형석 선생은 수필집 『백 년을 살아 보니』에서 인생의 전성기를 육십 대 중반부터 칠십 대 중반이라고 했다. 선생의 말대로라면 나는 지금 그 전성기마저도 끝나 가는 나이에 와 있음이 분명하다. 결국 새로운 일에 욕심 부릴 때가 아니라 지금까지 해 온 일만이라도 차근차근 마무리해야 될 나이에 들어선 것이다.

특별한 삶이 아니었으니 마땅히 정리해야 될 일도 별로 없다. 그러나 꼭 해 놓고 싶은 것이 있기는 하다. 수필집 한 권과 지금까지 그려 온 그림들을 한데 묶어 만든 화집이 바로 그것이다. 훗날 저세상에 가면 조상님께 "이렇게 살다 왔습니다." 하고 보여 드릴 것이 한두 개쯤은 있어야 될 성싶어서다.

여기저기 산발적으로 발표되었던 글을 모아 한 권의 책으로 만드는 것이 무에 그리 어렵겠느냐만 선뜻 용기가 나지 않는다. 문학을 전공한 것도 아닌 터에 글을 쓰기 시작한 지 이제 겨우 십여 년 남짓, 벌써 책을 펴낸다는 것이 아무래도 분에 넘치는 일 아니냐는 나 스스로의 염치 때문이리라.

세상은 배우고 본받아야 할 지혜와 교훈들로 가득 차 있다. 가치 있는 삶, 의미 있는 삶이란 그렇듯 허공을 맴도는 교훈과 지혜를 자기 가슴에 채우려고 노력하는 일상이라고 할 것이다. 비록 초여름 한 철만 폈다가 지는 꽃에 불과하지만 삼색 변화라고 하는 절대적인 운명을 거역하지 못하는 삼색병꽃나무의 삶에서 마치 인생의 축소판을 보는 듯하다.

세상에 이름 없는 것은 그 어디에도 없다. 행인들의 발길에 무수히 차이고 밟히는 길가의 잡초들을 보라. 그런 모진 핍박을 겪으면서도 제철을 놓치지 않고 어김없이 많은 씨앗을 흩뿌려 가며 질경이, 쑥부쟁이, 쇠비름, 개망초, 지칭개, 엉겅퀴 같은 이름들을 당당하게 지켜 내고 있잖은가?

선거 때가 되면 행사장마다 나타나 이름을 알리는 이런저런 사람들, 진지한 얼굴로 더욱 겸손해하는 그 두둑한 존재감을 따라잡지는 못할망정 기왕지사 세상에 태어났으니 살다 간 흔적을 조금은 남겨야 될 것이 아닌가?

꽃이 다 떨어지고 난 후에 오히려 더 싱싱해지는 나무, 초록 잎사귀가 깨끗하고 싱그러워서 가까이 두고 싶은 삼색병꽃나무, 나 혼자만 보고 즐기기에는 너무 아까운 것 같아 이웃들과 나눠 갖기로 마음먹었으니 이 여름 다 가기 전에 실한 가지를 골라 삽목이라도 몇 개 해 놓아야겠다. 개체 수를 늘려야 한 포기씩이라도 나눠 줄 수 있을 테니까.

자연을 흉내 내다

오늘 새벽에도 가슴이 뻥 뚫리도록 싱그러운 공기를 한껏 들이마셨다. 상큼한 기운이 온몸을 휘감는 듯했다.

고샅길을 사이에 두고 아담한 시골집 두 채가 있다. 오른쪽은 본채, 왼쪽은 재작년에 장만한 별채다. 먼 훗날 나이 들어 퇴직한 두 아들이 도시 생활을 끝내고 본채와 별채에 각각 내려와 살면서 사이좋게 노후를 보내라고 마련해 둔 것이다. 부모님이 물려주신 땅에 집을 짓고 들어온 것처럼 나도 작은 시골집 하나를 자식에게 물려주려는 것뿐이다.

고샅길을 마주 보는 시멘트블록 담을 허물고 그 자리에 키 낮은 회양목을 심어 산울타리를 만들었다. 그리고 본채에 있는 나무들을 수종별로 몇 그루씩 옮겨 심었더니 얼핏 보기에도 꼭 한집인 것 같다.

여자와 집은 가꾸기 나름이라고 했던가? 겨울 한 철 빼놓고는 집 가꾸기를 게을리하지 않았다. 나무를 심고, 손질하고, 위치를 달리해 가며 옮겨도 보고, 솎아 내고, 병충해방제약을 살포하고, 잡초도 뽑고, 때맞춰 퇴비도 묻어 주고…. 정원을 가꾸는 일은 결국 자연의 흉내 내기다. 한시라도 멈추지 않는 것이 자연이므로 자연을 흉내 내기 위해 손볼 일도 매일매일 생겼다.

원시림 같은 무성한 자연이 아니라 잘 정돈된 울안의 자연 경관을 만들기 위해 책도 사서 보고 남한강변에 있는 전원 주택지를 찾아가 현장 견학도 했다. 길가에 굴러다니는 돌을 몇 리어카씩 주워다가 큰 돌과 작은 돌이 어울리도록 꽃밭 가장자리에 돌려쌓기도 하고, 연자방아나 다듬잇돌 혹은 묵은 항아리 같은 옛것들을 꽃밭에 배치하는 등 고풍스러움을 연출해 보기도 했다. 그러다 보니 정원 가꾸기에 필요한 기구들도 늘어났다. 쓰임새가 다른 몇 개의 전정가위와 충전용 전정 톱은 물론이고 잔디 깎는 기계에다 큰 통나무를 자를 때 쓰는 기계톱까지 준비해 놓았다.

19세기 인상주의를 대표하는 프랑스의 화가 클로드 모네는 정원사로도 유명했다. 약 2,400평 부지의 꽃 정원에는 수없이 많은 꽃과 나무들로 가득 차 있고 1,800평 정도의 물정원에는 여러 종류의 수련이 빼곡하게 심어져 있다. 두 개의 정원을 합친 것이 대략 4,200여 평인데 그 넓은 정원을 가족과 함께 손수 가꾸었다니 참으로 대단하지 않은가? 타고난 부지런함이나 끈질긴 정성이 아니고서는 도저히 불가능한 일을 모네와 그의 가족들이 해냈다는 사실이 그저 놀라울 뿐이다. 말년에는 자신이 만든 물정원의 수련 연작을 그리며 일생을 보냈다고 한다.

넓이가 모네 정원의 십 분의 일 정도에 불과하니 규모로 보나 정원 조성의 체계적인 구성으로 보나 화목의 수종별로 보나 감히 비교 대상이 될 수 없는 수준이지만 그래도 20년 넘게 가꿔온 우리 집 정원도 이제는 제법 울창해졌다. 향나무, 소나무, 사철나무 같은 상록수를 심어 겨울에도 푸른 색깔을 볼 수 있으며 봄부터 가을까지 연속해서 꽃이 필 수 있도록 계절에 맞는 꽃들을 심어 놓았다. 또한 커다란 플라스틱 함지박에 연꽃을 심어 모네의 수련정원을 흉내 내기도 했다.

행복은 거저 굴러들어 오는 것이 아니라 스스로 만들어 가야 한다. 모네의 정원처럼 각고의 노력 끝에 얻은 해냄과 이룸의 기쁨이고 그 기쁨이 가져온 평온한 마음이 곧 행복일 테니 말이다.

여름철에는 보통 새벽 다섯 시쯤이면 마당에 나간다. 본채와 별채를 한 바퀴 돌다 보면 손을 대야 할 곳이 눈에 띄기 마련이다. 멋없이 웃자란 나뭇가지가 보이기도 하고, 이슬이 촉촉하게 내려앉은 잔디밭에 고양이나 강아지가 남긴 배설물이 눈을 거슬리게 한다. 늙은 오이와 가지가 시들시들 말라 가는 것도 있고, 나오지 말아야 할 곳에 삐죽이 고개를 내민 죽순도 있다.

일어섰다 앉았다 허리를 구부렸다 폈다 해 가며 눈에 거슬리는 것들을 치우기도 하고, 텃밭의 토마토나 애호박을 따 오기도 한다. 그게 운동이다. 그렇게 두어 시간가량 울안을 맴돌다가 아침 식사를 하면 밥맛도 좋거니와 기분 또한 상쾌해서 하루를 즐겁게 맞이할 수 있다.

퇴직한 사람의 하루는 일을 만들기에 달려 있다. 아무리 급한 사안이라도 하기 싫으면 그만이다. 누가 뭐라 할 사람이 없으므로 잘못하면 나태한 일상에 빠져들 수도 있다. 노력을 버렸으니 기쁨도, 행복도, 건강도 모두 버린 셈이 되는 것이다.

86세로 일생을 마친 모네가 정원 가꾸는 일을 몇 살까지 할 수 있었는지 알 수 없으나 10년 후에는 나도 그 나이에 육박한다. 아직은 건강에 별 이상이 없어 정원 가꾸기가 버겁지 않지만 아침을 먹고 나면 몸이 노곤해질 때가 있다. 이른 시간에 힘든 일을 하거나 좀 오래했다 싶은 날은 더욱 그러하다.

시골집 가꾸기가 힘들어서 아무래도 손을 놓아야 할 때가 되면 그때는 자식들 곁으로 갈 수밖에 없지 않은가?

뉴욕시티 맨해튼의 센트럴파크에 버금갈 만한 약 80만 평의 용산 민족공원이 2027년 국가공원으로 완공된다는데 어쩌면 10년 후쯤에는 그 공원 주변에서 살게 될지도 모른다. 남산으로 이어지는 공원 예정지 근처 주택지에 작은 집 하나를 아들이 매입해 놓았기 때문이다. 시골집 단속은 두 아들이 가끔씩 내려와서 하게 될 테니 그런 걱정은 안 해도 될 것이다.

모네가 말년을 수련과 함께 보냈듯이 넓고 깨끗한 공원을 산책도 하고, 또 이곳저곳 아름다운 공원 풍경을 화폭으로 옮기면서 좀 편하게 살아야 되지 않겠냐는 아내의 충고 비슷한 부탁이다. 아내의 말이 전혀 엉뚱한 것도 아니라는 생각이 들었다. 어쨌거나 그때는 그때 가서 생각해 볼 일이다. 아직은 힘이 남아 있고 또 이곳 시골에 살고 있으니 내일도 오늘처럼 싱그럽고 상쾌한 아침 공기를 마셔 가며 자연을 마음껏 흉내 낼 것이다. 그리고 많이 행복해할 것이다.

돌샘에 담긴 세월

돌은 세월이다. 억겁의 세월이다. 태초에 흙이 있었던 것처럼 그렇게 돌도 처음부터 제자리에 박혀 있었다. 돌은 물과 한 짝이 된다. 흙과 나무와 바람과도 짝을 이룬다. 대자연 속에 감춰진 돌, 물과 흙과 나무와 바람까지 한통속으로 붙어 다닌다.

그 돌이 어느 날 늙은 장인의 눈에 띄었다. 늙은 장인은 손가락 마디마디에 시꺼먼 피멍이 들도록 몇 달을 두고 돌을 쪼아댔다. 그리고는 드디어 허리 없는 동글납작한 돌확을 만들어냈다. 가난의 늪에서 헤어나지 못했던 이름 모를 장인의 한스런 세월이 지나가고, 그 한스런 세월만큼이나 더 많은 세월이 흘러가면서 돌은 몇 번씩 주인이 바뀌었다.

그때마다 돌확이 하는 일도 조금씩 달라졌다. 장독대 흙 받침

돌로 엎어져 있기도 하고, 송아지 여물통 노릇도 했다. 때로는 돼지 밥그릇으로 사용되기도 하고, 어떤 때는 굴뚝 옆에 쓸모없이 내쳐지기도 했는데 어느 핸가는 거치적거린다며 플라스틱 쓰레기와 깨진 항아리에 섞여 하마터면 새로 짓는 집 마당 가운데에 깊이 파묻힐 뻔했다.

나무기둥에 눌려 누르스름하게 멍이 드는가 하면, 무쇠같이 단단한 소 발등에 채이고 달려드는 돼지주둥이에 떠받히는 설움을 당했다. 그러면서 조금씩 몸통이 떨어져 나가는 아픔을 겪었다. 그러나 그런 수모를 당하면 당할수록 세월의 더께를 확인해 주듯 정으로 쪼아 낸 섬세한 틈새에 시간의 찌꺼기들이 꼬질꼬질 끼어들었다.

뿌연 봄바람이 들녘을 스치고 지나가던 어느 아침나절, 돌확은 또 새로운 주인을 따라 자리를 옮겨 갔다. 돌확을 밀치고 다니던 어미 돼지가 팔려 나간 후 울 한구석에 덕지덕지 때가 묻은 채로 처박혀 있다가 새 주인이 될 나의 눈에 띄었던 것이다.

부엌문 바로 앞에 우두커니 서 있는 허리 잘록한 돌확도 함께 가져가라시던 할머니, 한평생을 거의 혼자 살다시피 하신 할머니, 그러면서도 손에 쥐어 드린 하얀 봉투를 막무가내 마다시던 할머니였다. 다음에 꼭 찾아뵙겠다고 인사를 드렸으나 일부러 찾아올 것까지 있겠느냐며 한사코 손을 저으시던 할머니였다.

연자방아로 쓰인 커다란 돌덩어리 두 개가 옛 모습 그대로 마당 한쪽에 앉아 있다. 태극 모양처럼 곡선으로 휘어 만든 화단 가운데에는 튤립 꽃이 피어 있고, 마당을 가로지른 보도블록 양쪽에는 분홍색 꽃잔디가 잔뜩 피어 있다. 꽃 냄새를 따라왔는지 작은 꿀벌들이 꽃 사이를 누비며 부산을 떨어 댄다.

우리 집엔 유난히도 돌이 많다. 값있어 보이는 자연석이 아니라 모양도 제각각인 막돌이다. 틈나는 대로 주워 모은 것이 어림잡아 몇 백 개는 될 성싶은데 그 돌로 화단 가장자리를 둘러가며 촘촘히 쌓아 놓았다. 연자방아 맞은편에 예닐곱 걸음 떼어 놓고 돌확을 세웠다. 동글납작한 것과 허리 잘록한 것을 나란히 세웠더니 마치 돌 남매를 연상시키는 것 같아서 한층 어울려 보였다.

세월이 물 흐르듯 또 흘러갔다. 그 세월 동안 봄부터 가을까지 두 개의 돌확에는 늘 맑은 물이 채워져 있었다. 어느 해에는 물옥잠을 띄우고, 어느 해에는 우렁이나 송사리를 넣어 놓기도 했다. 그렇지만 그냥 맑은 물로 채워질 때가 훨씬 더 많았다. 돌과 물은 투명해야 제멋이 난다. 그래서 여름철만큼은 일주일에 한 번 정도는 새물로 갈아 주어야 한다. 그렇게 세심한 주의를 기울여야 비로소 돌과 물의 청결함이 유지될 수 있었다.

시간이 지날수록 돌확의 바깥쪽은 점점 무게 있게 늙어 갔으나 물이 담기는 안쪽은 그 반대로 더욱더 젊어져 갔다. 물을 갈아 넣을 때마다 깨끗한 걸레로 몇 번씩 눈실러 닦아 내서 윤기가 흘렀기 때문이다. 식구들은 물론이고 동네 사람들까지 오며 가며 돌확을 바라본다. 맑은 물에 손을 담가 보거나 물속을 들여다보면서 돌과 물의 투명함에 새삼 놀라곤 한다.

이제는 한 세대 내려간 손자손녀들이 몰려들어 물장난을 치고, 돌 뒤에 숨어 숨바꼭질을 한다. 돌확의 쓰임새가 또 한 번 달라지고 있는 것이다. 세월이 흘러가는 대로 돌확의 주인은 계속 바뀌고 또 바뀔 것이다. 누가 주인이 되는가에 따라 돌확을 바라보는 눈도 달라질 것이고, 돌확을 처음 만든 늙은 장인에 대한 생각도 달라질 것이다.

언제부턴가 그 돌확에 "돌샘"이라는 이름을 붙여 주었다. 푸른 하늘에 흰 구름이 흘러갈 때는 돌샘에도 하얀 구름이 일렁였다. 어디서 날아드는지 가끔씩 작은 꽃잎도 떨어져 내렸다. 어떤 때는 이름 모를 예쁜 새가 한두 마리씩 포르릉 내려앉아서 날갯죽지를 적시기도 하고, 또 어떤 때는 바둑이처럼 생긴 얼룩고양이가 껑쭝 뛰어올라 날름날름 물을 핥아 먹기도 했다.

밤이 오면 물속에 가라앉은 무수한 별들이 돌 언저리를 맴돌며 출렁거렸다. 그리고 돌샘이 거쳐 온 한스런 세월들이 물속에서 흐물흐물 풀어지는 것이었다.

홈커밍데이

신록이 짙어 가는 계절, 퇴직교원의 홈커밍데이에 초대한다는 문자메시지가 떴다. 내용을 확인하는 순간부터 마음이 설렜다. 금란지교를 나눌 수 있는 반가운 자리가 될 것 같았기 때문이다.

친정집 첫나들이 가는 막내딸 심정이 이랬을까? 들뜬 기분으로 교문에 들어섰을 때 운동장에서는 손자 같은 남학생들의 체육 수업이 한창이었다. 울창한 청록 숲과 그 한가운데에 펼쳐진 하얀 운동장이 그렇게 선명해 보일 수가 없다. 어디를 둘러보아도 잘 손질된 교정이 마치 창포물에 머리를 감은 것처럼 시원하고 산뜻하다.

체육대회, 가장행렬, 야외미술전, 시화전, 실내외 환경 정리, 월요 애국조회, 중간고사, 기말고사, 봄 소풍, 가을 수학여행, 모의고사, 신입생 유치 출장, 야간자율학습 지도, 숙직근무, 학부모 면담, 가정 방문, 생활기록부 정리, 시험 문제 출제, 채점, 공개수업과 연구수업, 여름방학과 겨울방학, 교내 합창 대회, 하계 수련 활동, 스승의 날 행사, 입학식과 졸업식, 직장 배구 대회, 교직원 야구 시합, 미술대회 출전 학생 인솔 등등 내 젊음을 불사르던 시절이 바로 어제 일 같다.

퇴직한 지 어느새 열다섯 해가 넘었다. 10년이면 강산이 변한다고 했던가? 그때 그 시절과는 비교할 수 없을 만큼 발전된 학교 환경에 눈이 휘둥그레질 지경이다. 편리하고, 세련되고, 안전하고, 깨끗하게 정리되고….

퇴직하신 선생님 중 열여덟 분이 참석했다. 고인이 되었거나 우환 또는 개인적인 특별한 사정으로 인해 참석치 못한 분이 예닐곱쯤 된단다. 반가웠다. 너무도 반가웠다. 15년 만에 처음 보는 얼굴들인데 왜 안 그렇겠는가? 건강은 좋으냐고, 어떻게 소일하느냐고, 그렇게 두 손을 맞잡고서 오랫동안 나누지 못했던 회포를 풀었다.

각종 교육 현황이 요약된 학교 안내 팸플릿의 보충 설명을 듣고 또 한 번 놀라지 않을 수 없었다. 소위 SKY로 불리는 주요 3개 대학을 비롯하여 수도권 대학에 해마다 100여 명 이상씩을 합격시킨다는 사실, 그리고 교육부와 교육개발원에서 평가한 전국우수학교 10개 학교에도 선정되었다는 사실이 놀랍기만 하다. 내가 근무했던 학교가 이렇듯 명문사학으로 각광받고 있다니 얼마나 고맙고 자랑스러운 일인가? 한마음 한뜻으로 노력한 후배 교직원의 열성에 뜨거운 박수를 보내 주고 싶다.

마음속의 나는 그대로인데 오랜만에 만난 다른 사람을 보고서야 나도 저렇듯 변했을 것이 아니냐며 나를 돌아보게 된다. 그런데도 예전 모습 그대로라는 말을 들으면 은근히 흐뭇해지는 것은 무슨 까닭일까? 세월을 꼭꼭 묶어 맬 수 있는 초자연적 능력을 갖고 있다면 모를까 그렇지 않고서야 강산이 한 번 하고도 반이나 더 지난 세월을 어찌 그대로라 하겠는가? 어쨌거나 오랜만에 만나고 보니 퇴직 후 어디서 어떻게 살고 있는지 그게 제일 궁금했다.

나처럼 고향 집 놔두고 자주 들러 보거나, 고향과는 상관없이 산 좋고 물 좋은 곳을 찾아 별장식 전원주택을 짓고 그림처럼 살아가는 이도 있을 것이다. 널찍하고 전망 좋은 새 아파트로 입주해 마음 편히 살거나, 아예 농촌에 들어가 검게 그을린 건강한 농부로 살기도 할 것이다. 손자손녀 다 키워 주고 나서 둘만의 취미 생활로 오순도순 살기도 하고, 재능 기부로 봉사 활동을 해 가며 의미 있는 일상으로 젊게 살아가는 사람도 있을 것이다.

영국의 심리학자 '로스웰'의 행복론에 따르면 행복은 개인석인 특성과 생존 조건 그리고 건전한 욕망 등 3대 요소에 의해 결정된다고 했다. 다시 말하면 인생관, 적응력, 대인관계, 경제력, 건강, 자존심 그리고 분수에 맞는 기대와 욕구 같은 것들이 행복의 요소가 된다는 것이다.

오랜만에 보는 얼굴인데도 모두들 건강하고 행복해 보이는 것은 아마도 어느 한쪽에 치우치거나 과하지 않은 균형적인 삶, '로스웰'이 말한 행복의 3대 요소를 적절히 갖추고 살아서 몸과 마음이 편해졌기 때문이리라.

퇴직자 고참이라며 내게 인사말의 기회가 주어졌다. 이렇게 반갑고 즐거운 만남을 주선해 준 학교 측과 후배 교직원에게 고맙고 앞으로도 종종 이런 기회가 있으면 좋겠다는 짧은 말로 인사를 대신했다. 문득 먼 옛날에 있었던 교직원 단합대회 겸 야유회가 떠올랐다. 젊은 옛 시절이 그리워서일까? 그때 불렀던 노래 한 소절 부르고 싶었다. 시인 '박인환'의 「세월이 가면」이었다.

"지금 그 사람 이름은 잊었지만 그 눈동자 입술은 내 가슴에 있네. 바람이 불고 비가 올 때도 나는 저 유리창 밖 가로등 그늘의 밤을 잊지 못하지 사랑은 가고 옛날은 남는 것…"

가슴이 울컥 메워 와 더 이상 계속할 수가 없었다. 박수 소리와 함께 환호성이 터졌다. 누군가 "아 옛날이여-"라고 외치기도 했다.

후한 점심 대접에 선물도 한 보따리씩 받은 홈커밍데이, 그 즐거운 한때를 끝낼 시간이 다가오고 있었다. 이제 언제쯤이나 또 만나 보게 될지. 어디서 어떻게 살든 모쪼록 건강하고 행복하게 살라고 마음속으로 빌어 주는 그런 눈빛들이었다. 헤어짐이 서운하고 또 많이 아쉬웠지만 전화로라도 자주 연락하자며 힘찬 악수를 나누었다. 후배 현역 교원들이 교문 앞에서 정중한 인사를 보내 왔다. 멀리 창문을 통해 손을 흔들어 주는 몇몇 학생들도 눈에 띄었다. 눈부신 햇살이 하얗게 쏟아져 내리는 초여름 오후였다.

양지

'땡그랑땡그랑….'

처마 밑에 매달아 놓은 풍경 소리가 깨진 유리 조각처럼 예리하고 차갑다. 어쩌면 싸늘한 바람살 때문에 더욱 으스스하게 들릴는지 모른다. 소한 추위를 지나 대한 추위가 며칠 앞으로 다가왔으니 머잖아 입춘일 테지만 그래도 한겨울이라 볼을 파고드는 바람결이 여간 매섭지 않다.

남쪽 담장 앞에 햇볕이 따스하다. 따뜻해서 계절 돌아가는 것이 헷갈리는지 수선화 몇 포기가 벌써부터 촉을 내밀었다. 겨울이 아직도 많이 남았는데 그 추위를 어찌 다 이겨 내겠다고.

양지바른 담장 앞에 앉아서 쪽파를 다듬는다. 양념간장 만들기에는 대파보다 쪽파가 훨씬 잘 어울린다는 아내의 청을 들어 주기 위해서다. 햇살 퍼진 한낮이라고 해도 땅이 얼어서 쉽게 뽑아지지 않을 것이라고 했다. 아닌 게 아니라 삼지창호미 아니고서는 어림도 없는 일이었다.

일주일에 한 번 아내가 실버합창단 노래교실에 간다. 지금쯤 노래 수업이 한창일 터. 수업을 끝낸 후 서넛이 어울려 점심 식사도 하고, 차 한 잔씩 나누며 이야기를 하다 보면 오후 두세 시쯤이나 돼야 모임이 끝난다고 했다. 아내가 돌아오기 전에 마무리하겠다며 서두르지만 좀처럼 일이 줄지 않는다. 얼어붙은 흙덩어리를 떼어내고, 뿌리를 도려내고, 겉잎을 벗겨 내고, 누렇게 시든 잎 끄트머리를 잘라 내는 잔손질 때문이다. 너무 많이 캤나?

허리를 하얗게 드러낸 쪽파가 수북이 쌓여 간다. 손이 간 것과 안간 것의 차이가 극명하다. 사람 손이 무섭다는 것을 또 한 번 느끼게 된다. 그렇다. 관심을 가진 것과 안 가진 것은 쓸모가 있는 것과 없는 것으로 가려지고 사용할 것과 버려지는 것으로 구분되어 하나는 가치를 인정받아 선택되지만 다른 하나는 쓰레기로 추락하여 영원히 사라지게 된다.

비록 쪽파에 불과하지만 선택받은 것과 그렇지 못한 것은 삶과 죽음의 차이만큼이나 간극이 크다는 것을 알게 한다. 요즘 신문을 보면 그 비슷한 경우를 견디지 못하고 목숨까지 던지는 기사가 종종 올라와 있어 안타깝기만 하다. 세상이 왜 이렇게 메마르고 빡빡해지는지 모르겠다.

곤줄박이 새 한 마리가 나뭇가지에 내려앉는다. 무겁고 칙칙한 겨울 마당에서는 사철나무에 다닥다닥 매달린 빨간 열매와 싱싱한 진녹색 잎사귀밖에 볼만한 것이 없는데 작은 새 눈에도 그리 뵈는 모양이다. 무엇을 먹으려고 그러는지 꼬리를 바르르 떨어 가며 딱따구리처럼 콩콩 찍어 대는 몸짓이 너무 귀엽고 예쁘다.

다듬을 것이 아직도 두 주먹이나 더 남았다. 따스한 햇볕을 쪼이고 있자니 자꾸만 눈이 감긴다. 놓친 쪽파를 다시 집어 든다. 아마도 깜빡깜빡 졸고 있음이 분명하다. 멀리서 개 짖는 소리가 들려온다. 한낮인데도 사람 하나 구경할 수 없다. 동네가 텅 비어 있는 듯하다. '삐이 쒸 삐이 쒸' 버들피리 소리 같은 곤줄박이 새 울음소리도 그쳤다. 이 정도면 적막강산이 따로 없겠다.

겨울철이 아니라고 해도 갈 곳이 별로 없다. 젊어서는 직장 동료나 지인들과 어울려 등산도 하고, 낚시터를 찾고, 테니스장이며 탁구장 가는 일로 집 밖으로만 돌지 않았던가? 퇴직 후 거주지를 서울로 옮긴 다음부터 지인들과의 만남이 자연스럽게 끊어졌다. 가까운 우면산이나 관악산에 오르는 일, 예술의 전당이나 인사동 같은 이곳저곳의 화랑가를 돌아보는 것이 유일한 낙이었다.

생각해 보면 수필공부를 본격적으로 시작한 것도, 예술의 전당 한가람미술관에서 첫 번째 개인전 '산바람' 연작을 선보이게 된 것도 즐기던 일 다 떨쳐 내고 나만의 시간을 가질 수 있었기에 가능하지 않았나 싶다. 이제는 시골 고향 집에 혼자 있어도 심심하거나 따분하지 않다. 하루에도 몇 번씩 작업실에 들락거리고, 컴퓨터 자판을 두드리고, 오늘처럼 자질구레한 일을 하다 보면 어느새 해가 뉘엿뉘엿 저물어 간다.

'진지하게 공부하며 일하는 사람은 늙어서도 성장을 멈추지 않는다. 인생은 늙어 가는 것이 아니라 익어 가는 것'이라고 한 100세 교수 김형석 선생의 인생철학처럼 티 없이 맑게 익은 홍시가 되기 위해서라도 글과 그림 모두 게으름 피우지 말아야겠다.

요즈음은 〈뜬구름〉 연작에 몰두해 있다. 떠도는 구름에서 인생무상이 느껴질 만큼 나이를 많이 먹었다는 뜻인가? 지난가을 어느 화창한 날에 보았던 하얀 구름 떼가 머릿속에서 떠날 줄 모르더니 급기야는 아홉 번째의 뜬구름으로 캔버스에 다시 살아났다.

오늘따라 미세먼지가 약하다. 아침나절 들녘을 한 차례 걷고 왔으니 쪽파 다듬는 일이 끝나면 곧바로 뜬구름 잡으러 또 작업실로 들어가야겠다. 사철나무 그림자가 조금 더 길어졌다. 담장이 북풍바람을 막아 주어 양지쪽 햇볕은 아직도 포근하다. 내일이나 모레 또 그다음 날, 이 자리에서 무슨 일을 하고 무슨 생각에 잠기게 될지 지금으로서는 알 수 없지만 건강에 좋다는 겨울 햇볕을 쪼이려고 세워 놓은 통나무의자는 양지에서 나를 기다리고 있을 게 틀림없다.

구름아 구름아

잿빛 구름 속에 가려 있는 끝없이 깊고 파란 하늘, 그런 하늘을 바라볼 수 있는 날이 일 년 중 몇 번이나 될까? 가을 한때 그것도 단풍 색깔이 절정에 올라 있을 그 며칠에 불과하지 않을까?

벼 베기를 끝낸 들녘이 텅 비어 있다. 들녘 건너 가부좌를 튼 채 편안히 앉아 있는 나지막한 이등변삼각형의 산자락에도 단풍이 곱게 물들었다. 먼 하늘까지 너무 깨끗해서 끝없이 깊고 파란 하늘로 첨벙 빠져들 것 같은 기분이다.

한나절이 가까워 오자 빈 하늘에 구름덩이들이 뭉게뭉게 피어올랐다. 어디서 생겨 어디로 흘러가는지 갖가지 희한한 모양을 만들어내면서 넓고 깊은 하늘을 마음껏 휘젓고 있었다. 서서히 뭉치고 흩어지는 하얀 구름은 맘씨 좋은 할머니의 고운 얼굴이나 흰 눈썹 할아버지의 너털웃음이 되기도 하고, 울부짖는 황소 모양이나 소담스런 모란꽃으로 떠 있기도 했다. 연꽃봉오리처럼 새초롬한 구름덩이가 있는가 하면 사자와 용이 뒤엉켜서 맹렬히 싸우는 형상으로 치솟기도 했다.

얼마나 자유로울까? 저 구름들은.

문득 변화무쌍한 뭉게구름을 화폭에 담아 보고 싶다는 생각이 들었다. 기억을 붙잡아 두기 위해 사진도 몇 컷 찍었다.

공기 중에 들어있는 수증기가 아주 작은 물방울이나 미세한 얼음 알갱이로 변해 떠다니는 게 구름이라는 것, 구름층이 얇아서 빛이 잘 통과되면 흰색으로 보이지만 물방울이 몰려 두터워진 구름층은 빛을 통과시키지 못해 어두운 잿빛으로 변한다는 사실을 알면서도 뭉클뭉클 솟아오르는 구름을 볼 때마다 마냥 신비스럽기만 하다.

잠시 한눈팔다 보면 어느새 다른 모양이 되어 느긋하게 흘러가는 뭉게구름, 유유자적한 느낌 그대로를 그려 보고 싶은 것이다. 그러나 생각대로 될는지 모르겠다. 문제는 하늘인데, 캔버스 위에 펼쳐지는 하늘 역시도 실제 하늘같이 넓고 깊은 공간이라야 할 것이다. 구름보다 하늘 그리기가 훨씬 더 어려울 것 같다. 그냥 푸른색 한 가지로 덧칠하면 깊고 광활한 공간이 금세 나올 것 같지만 천부당만부당한 소리다. 신비스런 깊이는 고사하고 청색 페인트를 빽빽이 칠해 놓은 시멘트벽처럼 답답해 보일 것이 뻔하다. 절대로 쉽게 생각할 일이 아니다.

하늘이 깊고 파랗게 보이는 것은 수없이 많은 작은 물방울들이 햇빛에 부딪혀 일어나는 빛의 산란 현상 때문이라고 했다. 그렇다면 자연의 법칙대로 여러 가지 색점을 무수히 찍어 보면 어떨까? 그런 방법으로 화폭 전체를 끈질기게 아우르면 혹여 내가 바라는 하늘이 그려지지 않을까?

첫 번째는 검정색, 두 번째는 녹색, 세 번째는 빨강색, 네 번째는 노란색 점을 화폭 위에 가득히 겹쳐 채운다. 그리고 명도와 채도를 달리한 파랑색 점을 서너 차례 다시 찍어 준다. 그렇게 예닐곱 번의 덧칠 작업을 거듭하면 색점과 색점이 서로 겹치고 묻히면서 스치고 지워지는 흔적들이 나타날 게 틀림없다. 그때 생긴 무수한 색점 궤적들이 화폭에 깊이와 넓이를 느끼게 하는 무한 공간을 대신해 주지 않겠는가?

빈센트 반 고흐의 작품 〈별이 빛나는 밤〉을 보면 하늘이 온통 짧은 색선으로 물결처럼 요동치고 있다. 별이 반짝이는 밤하늘을 바라보면서 끝없이 넓은 우주와 무수한 별들의 거대한 유영을 느꼈을 것이다. 얼핏 보면 점처럼 보이지만 점이 아니라 짧은 선이다. 찍는 것과 긋는 것의 차이일 뿐인데 왜 그랬을까? 격정적인 그의 성격으로 볼 때 점을 찍어 가는 단조로움보다는 힘차게 긋는 선을 택했음이 분명하다.

점은 집중과 끈기를 요구한다. 그러나 선은 의지와 힘을 필요로 하는 작업이다. 반 고흐 역시 공간감 표출을 위해 중첩된 선의 겹침 효과를 피했으리라. 보면 볼수록 고민에 고민을 거듭한 정신분열증적 고뇌가 느껴지는 그림이 아닌가 싶다.

구름덩이를 그리는 것은 크게 어렵지 않을 듯하다. 햇빛이 통과되는 부분과 그렇지 않은 부분으로 구분해 주면 되기 때문이다. 더구나 무채색의 명도 단계만을 적절히 조절하는 작업이 아닌가? 움직이는 것 같은 느낌을 표현하는 것은 어느 정도 가능할지 모르지만 움직임 그 자체를 그려 낼 수는 없다. 1,003개의 TV 모니터를 탑처럼 쌓아 올려 구성한 백남준의 비디오아트 〈다다익선〉 같은 전자식 화면이라면 모를까 물감을 이용한 수작업에서는 절대로 불가능한 일이다.

서서히 옮겨 가는 구름, 예나 지금이나 다를 바 없는 하얀 구름이 감나무 가지 끝에 걸려 있다. 검붉은 홍시 하나를 달랑 남겨 두고 잠시 후면 떨어져 나갈 것이다. 어렸을 적 초가지붕 위에 누워 있던 뭉게구름도 그렇게 잠시 머물렀다가 슬며시 떠나가곤 했다.

시름없이 뭉게구름을 올려다보고 있으면 뭔가 그립고, 허전하고, 괜히 쓸쓸해진다. 아무런 이유도 없이 그런 기분에 젖어

드는 것은 아마도 허공을 떠도는 뜬구름이 말 그대로 뜬구름일 수밖에 없는 막연한 허상이기 때문일 것이다.

구름아 구름아, 하얀 구름아! 아무리 뜬구름 잡기로 끝날지라도 너를 그리지 않고는 못 배길 것 같구나.

바람 소리

들녘을 휩쓸고 지나가는 바람결이 어수선하고 썰렁한 것으로 보아 가을 문턱에 들어서 있음이 느껴진다. 등 따갑던 한나절 햇살이 설핏 기울고, 먼 지평선 서쪽 끝으로부터 차츰 노을이 물들기 시작하면 온몸이 으스스하도록 한기가 스며든다.

하나뿐인 동네 구멍가게, 거기서 술 한 잔씩 나눠 마신 두 노인이 흑갈색으로 어두워진 마을 앞길을 휘청거리며 걷고 있다. 꼬부라진 허리 때문에 오히려 더 작아 보이는 이 노인, 왼쪽 몸 놀림이 부드럽지 못해서 손짓발짓이 제대로 안 된다는 최 노인. 서로를 부축해 가며 걸어가는 두 노인의 우렁우렁한 목소리가 노을 속으로 잠겨든다.

"요새 들어 우리 동네도 빈집이 늘어나는 추센디. 들리는 말은 아래뜸 창 뭐시네 뒷집 유 씨네 말여. 그 집도 나왔다더만. 집터가 이백 평이 넘는다넌디 천 오백만 원이면 얼추 사질라능개벼. 하도 급혀서 그냥 싸게 내놨능갑던디 살라고 뎀벼들면 암만 혀도 쬐끔은 더 깎어질란지 몰러."

"아니 자네가 시방 그 집 소개쟁이로 나섰다능겨? 기왕 소개쟁이 헐라치면 똑바로 혀. 두고두고 예서제서 괜헌 욕먹지 말고."

"어째 그러능가? 그럼 그 값이 비싸다능겨 뭐여."

"찬찬히 생각 좀 혀 봐, 이 사람아. 이백 평에 천 오백이면 평당 칠만 오천 원 꼴인디 거기 땅값이 언제 그리 벼락같이 올랐다등가? 그쪽이 신행정수돈지 뭔지 허는 노른자 땅도 아닐 테고 말여."

"집은 왜 안 치능겨."

"집? 무슨 집? 집이 어디 있간디. 아이고, 그것도 집이라고 할 수 있능감. 돼지막에 잇대서 방 둬 칸 들인 걸 보고 집이라고? 그만두게, 그것 때려 부수는 데만 천오백 다 들겄다. 자가용도 못 들어가는 좁아터진 고샅길에 돼지 똥냄새 질펀한 구석지고 못생긴 땅을 그리 비싸게 소개혔다가 나중에 몽둥이찜질 안 날까 그게 겁나네. 땅 쥔하고 혹 짝짜꿍 맞춘 무슨 일 있능거 아녀?"

"예끼 이 사람, 그런 일 맹세코 읎네 읎어. 사람을 뭘로 보고 하는 소리여 시방. 오랜 세월 같이 살던 정리로 하번 낭언시사 땅을 내 논 유 씨 편이지마는 막말로 그 사람 이 동네 뜨고 나면 새로 이사 온 사람 닦달이를 한 동네서 어찌 다 당허고 살라나?"

"그런 소리 말고 내 말이나 들어 보고 나서 토를 달던지 나무래던지 허소. 넘 일처럼 그리 쉽게만 생각헐 일이 아닌 듯 허이. 유 씨 큰아들이 서울서 노래방인지 뭐인지 한다는 소리는 진작부터 들었을 게고. 그리고 거기 불이 확 싸질러나는 바람에 하루밤새 노래방이고 뭐고 다 말아먹어 버렸다는 것도 알구 있을 것이 아녀?"

"근디 그게 어쨌다능겨."

"그 일을 겪고 나더니 이번에는 마차주점이라나 무슨 포장마차라나를 시작혔다는 말도 들었을 테고."

"재미가 제법 쏠쏠해질라고 헐 때 느닷읎이 덤푸트럭이라등가 뭔가가 덮쳐설랑 박살이 났더라는 그 얘기 아니겄어 시방? 두 번을 그렇게 엎어졌는디 그래도 목숨은 부지혀야 될 게고, 몸 안 다친 것만 천운이다 생각허고는 보상 쬐끔 나온 돈까지 다 보태서 뭐시던 해 볼라고 동서남북 뛰어댕겼다지 아마?"

"그랬다는구먼. 거기다가 턱읎이 모질라는 그놈의 돈 때문에 옹치고 뛸 수 읎었다넌 것까지는 알고 있잖응가."

"그런 말을 들은 지가 솔찮이 된 것 같은디."

"오늘 아침 그 동네 볼일이 좀 있어서 댕겨오다가 마침 유 씨 안사람을 만났네. 아주 통사정을 하덩구먼. 자식 뒤집어지는 꼴을 두 번씩이나 당헌 유 씨에게 가진 것이라고는 달랑 그것뿐 잉게 그럴 수밖에 읎다는 생각이 들기도 허고. 좌우당간 적잖이 안된 일이네 그려."

"그야 여부가 있을라고. 근디 들리는 소문으로 봐서는…."

"소문이라니 소문이 어째서? 들리는 소문이 어쨌다능겨, 속 시원히 말 좀 혀 봐 이 사람아."

"글쎄 소문이란 게 워낙 믿을 것이 못되기는 헌디. 누구한테도 발설허면 안 되네."

"그야 두말허면 잔소리지."

"실은 덤푸트럭이 아니라 사고를 쳤다는 게여. 유 씨 큰아들 포장마차에서 술을 먹던 사람이 그 자리서 그냥 병원으로 실려 갔다는 게여."

"아니 그게 뭔 말여? 그럼 술안주에 탈이 붙었다능겨 뭐여 시방?"

"그야 알 수 읎는 일이고. 하여튼 간에 입원한 사람 쪽에서 고소가 들어왔는디 그 탈을 옆집 포장마차에 덤태기 씨우려다 들통이 났다지 뭔가."

“그래서야 안 되지 안 되고 말고. 크게 시비가 벌어졌을 것이구먼.”

“당연지사 그랬겄지. 그쪽 사람들이 몰려와 세상에 이럴 수는 읎다고 소리소리 질러 가며 엎치락뒤치락 한바탕 난리를 쳤넌디 그때 유 씨 큰아들이 사람 하나를 잘못 때려설랑 그 사람까지 병원에 들어눴다능 겨.”

“아니, 그게 증말여?”

“나도 얼마 전에야 들은 얘긴디 그게 벌써 두 해 전에 있었던 일이라능구먼.”

“그랬등가. 근디 나만 왜 그 일을 몰르고 있었으까. 그런 중도 몰르구 유 씨나 유 씨 큰아들 안됐다고 가슴 쓰려혔으니 나 원 참 기가 맥혀서.”

“따지고 보면 유 씨가 뭔 죄가 있어 자네한테 사정사정혔겄능가. 그런 자식 둔 죄밖에 더 있겄능가.”

“그럼 이 일을 어쩌야 좋겄능가. 지금 와서 나 몰라라 허고 인정머리 읎게시리 대번에 발뺌허기도 뭣허고, 어쨌거나 그 소문이 진짜임에는 틀림읎는 것 같은디 유 씨 그 사람 속이 시방 지 속이 아니겄네 그려.”

“유 씨 큰아들이 그런 사람이었등가? 클 때로 봐서는 무지막지허니 그럴 사람이 아닌디. 젊어서부텀 가진 고생 다 허더니 참말이지 유 씨 그 사람 복복자 글씨 허고는 넘넘일세 그려."

"어째 사람만 나쁘다고 허겠능가. 참말로 돈 벌어먹기 힘든 시상인디, 눈꼽마큼 모아지면 꼭 무슨 사단이라도 벌려 놔야 직성이 풀리는 그놈의 돈이 웬수지."

"암 웬수구 말구. 덤태기를 씨우고 싶어서 그랬겠는가. 그마저도 장살 못허게 생겼으니 잠시 마음이 헛짚어졌던 게지. 아무튼 안됐네 그려."

"그나저나 어쩌면 좋을끄나. 무신 좋은 방도가 읎으까?"

"그래서 말인디, 이러면 어쩌겠능가. 유 씨도 유 씨지마는 유 씨 안식구가 재작년에 풍을 맞지 않았등가."

"맞어, 재작년이지. 그때 속 썩은 일로 혀서 풍을 맞은 게로구먼."

"유 씨 그 사람 늘그막까지 건설업자 따라다니면서 날품꾼으로 여지껏 어찌어찌 살아왔넌디 아내마저 거동이 저러고 보니 생각허면 유 씨 큰아들보다 유 씨 내외가 외래 더 딱헌 노릇이 아니등가."

"그래서?"

"그래서는 뭐가 그래서여, 이 참에 아예 유 씨 큰아들을 내려오게 허자는 게지. 살림을 합치면 생활비도 줄어들 테고, 지 부모 신색도 좀 펴질게 아니겄능가?"

"이곳도 어렵기는 마찬가진디 뭐라도 벌어먹을 게 있으야 불러들이던 말던 할 게 아녀?"

"꼭 그렇게만 생각헐 건 아닌디. 벌이가 거기보다는 별것 아닐런지 몰라도 포장마차 허기는 거기나 여기나 매한가질 것이 분명허고. 그래도 여기서는 포장마차 꾸미는 돈이 서울보다는 훨씬 작게 들 것이 아닌가베? 또 어려운 그 집 사정 알고는 그래도 이웃사촌이라고 동네 사람들이 오며가며 팔어 줄지 누가 아능가. 거기다가 서울서는 자식들 사교육비라는 것이 있어서 돈깨나 든다고덜 하던디. 여기서는 그런 것 읎어도 되잖능가? 여러 가지로 봐서 그래도 힘 피기는 여기가 나을 것이란 생각이 드능구먼. 어떠 내 생각이?"

"그렇게만 돼 준다면 우선은 유 씨 내외가 고마워헐 일이지마는 유 씨 큰아들이 그 말을 들어줄라나 몰르겄네. 어쨌든지 오늘 밤 유 씨를 한 번 만나러 가세. 가서 조곤조곤 얘기허다 보면 무신 수가 생길는지 누가 아능가?"

"어허 저게 누구여? 이 사람아 유 씨 볼라고 밤꺼정 기달릴 필요도 읎이 되야 버렸네. 저기 오고 있잖응가. 호랭이도 지 말 허면 온다더니 유 씨 저 사람도 양반은 못되는 모양일세."

"이보게 유 씨 어디서 오는 길잉가? 그러잖아도 이따가 밤에 찾아갈 참였는디. 어찌 좀 알아보았능가? 글쎄, 여기저기 알아

보구는 있네만 우리 동네에서는 그 집 임자 구하기가 쉽지 않게 생겼네 그려."

"그러니 어쩌능가. 우리 아들 길가에 나앉게 생겼으니. 아들 메누리보다도 다 큰 손주새끼들을 생각허면 살어두 산 목심이 아녀 시방. 나나 여편네나 살 만큼 살었응게 언제 죽어도 여한은 읎지만서두, 요새 젊은 것들 건뜻허면 지 목숨 지가 작살내는 무서운 시상이라 새끼들 데리고 생목숨 끊지 않을라나 그게 걱정이네."

"이보시게 유 씨, 그런 방정맞은 생각일랑 접어두구 저기 들어가서 술이나 한잔허세. 한세상 살면서 마음 편헌 사람이 몇이나 되겄능가. 말 안 혀도 잘 알 것지마는 우리네 역시도 마찬가지 아니등가. 그러구저러구 자네에게 꼭 들려줄 말이 있네. 이번만은 자네가 우리 말을 꼭 들어줘야 쓰겄네. 하루 이틀 아니고 밤낮 우거지상을 헌다고 무슨 뾰족한 수가 생기는 것도 아닐틴디."

"아니 가만 가만있어 보게, 저어기 저게 뭔가. 봉고차가 아녀? 우리 동네에 저런 푸르딩딩헌 봉고차는 읎넌디. 쬐깐한 차가 어지간히도 많이 실었네. 아니 저게 누구여, 방금 내린 저 사람 말여, 아니 저 사람 유 씨 큰아들 아닝가베."

"글쎄 허기는 그 사람이 분명헌디. 저 사람 말고 달리 내린 사람이 읎넌 걸로 보먼 시방 유 씨 아들이 차를 몰고 왔다능 게 아녀? 다 망혀뻬리고 땡전 한 푼 읎다는 사람이 차는 또 웬 자여? 도대체 뭔 일이 어뜨케 돌아가는지 영판 알아먹을 수가 읎네 그려."

"아버지, 안녕하셨어요? 어르신께서도 안녕하셨습니까?"

"아니 이게 누구여, 식구들은 다 어쩌구 자네 혼자뿐잉겨?"

"저녁때쯤 버스로 내려온다고 했습니다. 죄송합니다. 어머니는 좀 어떠세요? 부모님께나 동네 어르신께 걱정 끼쳐드려서 뵐 면목이 없습니다. 정말 죄송합니다. 그렇지만 너무 걱정 마세요. 꼭 일어설 것입니다. 이삿짐 빼고 나면 장사 물건뿐이지만 이곳에 맞는 품목으로 차츰 바꿔 가며 새로 시작할 것입니다. 그래서 있는 것 다 긁어모아 중고차를 하나 샀습니다."

"잘 생각혔네. 증말로 잘 생각혔어. 자네 부친께서 을매나 걱정을 허셨는지 아능감. 이보시게 유 씨, 내 뭐라등가 자네 큰아들 무지막지헌 사람이 아니라고 진작부텀 말하지 않등가. 어서 들어가 봐. 자네 모친께서 젤로 좋아할 것이네. 얼른 들어들 가봐, 이 사람들아. 우리도 그만 들어갈랑게…."

"어흠, 술이 싹 깨는 것 같네 그려. 이보게 최가야, 쬐끔만 더 안할라나? 인자는 내가 한 잔 살 것잉께, 딱 한 잔씩만 더하고 가세나."

"근디, 아무리 생각혀 봐도 요상시럽네."

"요상허기는 뭐가 또 요상허다능겨?"

"아니 생각 좀 혀보더라고, 포장마차 작살내고 곧바로 감옥소에 간 사람이 언제 나와 어디서 뭘 혔간디 저런 차꺼정 몰고 나타났느냐 이 말여 내 말은. 도대체가 이해가 되덜 안혀."

"있는 것 다 긁었다잖응가? 그리고 중고차라고 하잖등가? 차가 벨로 비싸 뵈지는 않던디. 비싸고 싸고 간에 그게 문제가 아녀 시방. 그 뭐시냐 서울서 노래방에, 포장마차에 산전수전 다 겪어 본 사람인디 그 정도 수단이 없으까? 사람사람이 다 지 살 구멍은 챙겨지는 게여."

"그런 사람이 지 애비 속을 그리도 험허게 뒤집어 놓았능가? 그리고 그 돈 있으면 거기서 끝장을 볼 일이지 여기는 어째 내려와 내려오기럴."

"허 이 사람, 뭔 사람이 그렇게두 생각을 못 헐꾸? 내가 뭐랬나. 유 씨 큰아들이 절대로 무지막지헌 사람이 아니라고 몇 번씩을 말허등가. 모르긴 혀두 늙은 지 부모에게 효도하러 내려온 게 분명헐 것이구먼. 요새 젊은 것들 힘 부치는 일은 아예 안 헐라고 그런다는디 저렇게라도 벌어먹을 궁리 혀가면서 발버둥치는 게 자네 눈에는 당최 시답잖게 뵈는 게로구먼."

"아녀 그게 아녀, 내 말은 유 씨 큰아들 말솜씨가 하도 청산

유수라 허는 말인디. 왜 그런 말 있잖여? 말 번지르르헌 사람치고 벨 볼일 읎다는 말, 그래서 허는 소리여. 혹시라노 시 애비, 에미한테 또 돈다발이나 떼 갈라고 저런 너스레를 떠는지 누가 아능감."

"참말로 벨소리 다 듣겄네 시방. 막말로 떼 갈라고 왔으면 또 어쩔 게여? 부모 자식 간인디. 유 씨 그 사람, 손바닥 내밀기 전에 먼저 떼 준다고 헐 사람이여."

"허기사 부모 자식 간인디 내가 이래라저래라 헐 수도 읎는 일 아니겄어? 두고 보더라고 암만 혀도 내일 아침나절에는 무신 얘기가 돌 것이구먼. 그런디 만일에 말여, 또 집 팔어 달라는 소리가 나오먼 자네 워짤라능가?"

"어뜨케 허기는, 여기 눌러앉기로 맘먹고 내려왔으면 그대로 헐 일이지 올 때 허고는 영판 딴 소릴세, 젊은 사람이 그렇게 믿음이 읎어서야 뭣이던 혀먹겄어? 허고는 된통 혼쭐이라도 내줄 것잉게."

"나도 자네와 똑같이 거들 것잉께 단단히 일러 둬야 혀. 말이야 바른 말이지 이번에 또 이상허게 되고 나면 지 에미 쓸어져 죽고 말 것이여. 그걸 몰르는 자식이라면 그게 어디 자식이라고 헐 수 있간디?"

"어허 취헌다. 이보게 최 늙은이야, 우리 오늘 너무 많이 마신 게 아녀 시방? 그래도 유 씨는 복받은 늙은이여. 윗동네 정 씨나 박 씨보다는 못혀도. 그런디 나는 뭐여, 뭐하는 늙은이냐 말여. 밥 한 끼 뜨끈허게 채려 줄 여편네가 있나, 용돈 한 번 살갑게 쥐어 줄 자식놈이 있나, 시상천지 달랑 내 몸땡이 하나뿐인 이 늙은이는 도대체가 뭐냐 이거여 시방. 젊어서 속 못 채린 놈은 일찌감치 죽어지야 마땅허고 또 그리 돼야 옳은 이칠 것 같은디. 쓰잘데기 읎는 이런 목심 안 잡어가고 그냥 놔두는 저 승사자는 도대체 어디로 뭘 허고 다니능겨? 뭐시라더냐 옳지 징무유기, 그 징무유기가 아니냐 이런 말여 시방. 어흐흑 취헌다, 참말로 취허는디. 낙또옹 가앙 강빠아라아아아미이 치마포옥을 저억시이고오…."

그날 밤 유 씨네 큰아들이 돌아왔다는 소문은 밤늦도록 동네 구석구석을 누비고 돌아다녔다. 그리고 다음 날 아침에는 장사 물건을 가득 실은 봉고차 한 대가 부지런히 들녘을 건너갔고, 이 노인과 최 노인이 걱정하던 염려 또한 그 봉고차 엔진 소리에 시나브로 풀려 갔다. 지금까지 늘 그래 왔듯이 이번 소문도 동네 한 바퀴 돌고 지나가는 매듭 없는 바람결처럼 어디론가 흔적 없이 사라져 버릴 게 분명했다.

기록과 허구 사이

김회직*의 「바람 소리」에 관해

● 신재기(문학평론가, 경일대학교교수)

1

수필을 낮게 평가하고 비판하는 데 자주 사용하는 개념이 아마 '신변잡기(身邊雜記)'일 것이다. 그 앞이나 뒤에 곧잘 '문학성 부족'이라는 말이 들어가 비판의 의미를 선명하게 드러내기도 한다. 여기서 '신변잡기'는 '문학성 부족'이란 말과 동의어로 사용된다. 수필이 문학성이 부족하여 제대로 대접받지 못하는데, 그 까닭은 신변잡기 수준에 머물고 있기 때문이라는 것이다.

---

* 신재기: 문학평론가, 수필가, 『수필미학』 편집주간. 『수필창작의 원리』 등 비평집 다수, 『앉은 자리 꽃자리』 등 수필집 다수. 현재 경일대학교 교수.

‘신변잡기’는 수필계 안에서나 밖에서나 수필이 극복해야 할 문제점으로 두루 지목되고 있다.

과연 ‘신변잡기’는 수필문학이 극복해야 할 중요한 과제인가? 결론부터 말한다면, 한편은 맞고 다른 한편은 오류다. 수필가 신변에 일어나는 여러 가지 일을 기록하는 글이라는 점, 즉 수필가의 일상을 제재로 삼는 글쓰기라는 점은 수필의 본질적인 측면이다. 이 점을 부정하고서는 수필은 존립할 수 없다. 그런데 이를 그렇게나 못마땅해하는가?

‘잡기’라는 말에 문제가 있는 것 같다. 자질구레한 일상의 체험은 수필문학의 바탕이고 출발점이다. 수필담화를 구성하는 기초가 조각난 일상이다. 하지만 잔잔한 일상을 수필이란 그릇에 어떻게 담는가 하는 방법 문제다. ‘잡기’는 어감으로 보아 기록한다는 뜻이 강하다. 즉, ‘잡기’라는 말은 있었던 일상의 체험을 사실에 근거하여 기록한다는 의미로 이해된다. ‘신변잡기’라는 말에 내포된 기록성의 측면이 수필의 문학성에 흠집을 내고 있는 셈이다.

사람이 직접 체험한 일은 언어를 통해 하나의 경험으로 드러난다. 경험은 시간의 경과를 따라 언어로 정리된 일종의 서사다. 언어로 서사화하지 않고서는 어떤 경험도 성립할 수 없다. 언어화한다는 것은 무질서한 체험을 일관성 있는 서사나 이야기로 구체화한다는 말이다. 서사나 이야기로 구체화하는 과정에서 실제성과 허구성이 동시에 개입하기 마련이다.

"현실은 불완전하다. 어느 한순간, 한 장면이 감동적이지만 그것은 체계적이지 않은 경우가 대부분이다. 지속적이지 않고 일관성이 없는 분절된 이야기에 질서를 부여하는 일을 서사화라고 한다."(방현석의 『서사패턴 959』22쪽) 서사화 과정에는 서사 구성자의 관점이나 의도가 당연히 작동한다. 언어를 통해 체험을 서사화하는 단계까지는 역사와 문학, 논픽션과 픽션, 다큐멘터리와 드라마는 차이가 없다. 그러나 역사, 논픽션, 다큐멘터리의 서사화는 일차적이고 육체적인 체험을 언어로 정리하되 사실 세계 자체를 드러내고자 한다.

역사를 기록하는 사람이나 다큐멘터리를 제작하는 사람의 관점과 의도가 작동되더라도 그것은 사실을 충실하게 보여 주기 위한 수단과 방법의 차원이다. 기록자와 제작자는 사실 자체가 지닌 감동과 의미를 전달하는 데 목적을 둔다. 하지만 현실적인 경험은 완결된 구조나 통일된 의미를 지니지 못한 불완전한 상태에 있다. 단편적인 경험의 단순한 배열은 사실로 존재할 뿐 감동을 주지는 못한다는 말이다. 사실의 기록적인 차원에서 벗어나 완전한 감동을 주는 미적인 구조물을 만들 필요가 있다.

이를 위해 실제로 일어났던 사건의 순서를 바꾸어 재배열하기도 하고, 감동을 방해하는 요소는 배제하고 필요한 부분에 방점을 찍어 강조하기도 한다. 무엇보다 실제적인 경험으로 감동을 주기에 부족할 때는 상상력을 동원하여 사실을 보충해야 한다. 더욱이 감동적인 이야기로 연결하려면 사실과 사실 사이의 빈자리에 상상력을 동원하여 허구로 채워 나갈 필요가 있다. 즉, 완전한 미적 구조물을 창조하려면 허구화가 필수적이라는 말이다. 문학과 예술은 이 허구화 과정을 통해 탄생하는 것이다.

사실기록 단계에서 허구 단계로 나아갔을 때, 그것을 문학 혹은 예술이라고 규정한다. 물론 이는 좁은 의미의 문학을 지칭하는 것이고 일반적으로 그렇다는 것이다. '기록문학'이라는 개념도 성립하고 사실기록에 충실한 작품도 훌륭한 문학으로 평가되는 경우가 흔하다. 상상력에 의한 창조적인 글만을 문학으로 제한할 필요는 없다. 철학, 역사, 에세이 등도 한 사회 안에서 존중받는 훌륭한 글이면 문학으로 인정됐다. 하지만 상상력으로 만들어진 허구의 세계가 사실기록 차원보다 훨씬 문학과 예술의 본질적인 것이라고 할 수 있다. 허구화가 문학을 규정하는 절대적인 기준은 아니지만, 문학의 핵심을 가장 잘 드러내는 개념임을 부인하기 어렵다.

실제 경험에서 출발하는 수필은 사실기록과 문학적 허구 사이에 놓이는 독특한 장르이다. 기록성과 허구성의 양면을 지닌다는 뜻이다. 수필이 작가의 실제적인 경험이나 일상 현실을 재료로 삼는 담론이라는 점에서 일차적으로 사실의 기록이란 성격을 지닌다.

반면에 수필가는 일상적 경험을 해석하고 의미를 부여함으로써 의도한 특정 메시지를 전달하고자 한다. 이 과정에서 작가는 자신의 경험을 기록하는 차원을 넘어 의미화를 위해 재구성한다. 다양한 문학적 전략을 통해 실제 경험을 감동으로 불러올 수 있도록 완전한 미적 구조물로 만든다. 즉, 문학적인 창조를 이루어 낸다. 수필을 문학이라고 할 수 있는 근거는 여기에서 마련된다. 따라서 수필은 기록성이라는 구심력과 문학적 허구성이라는 원심력이 팽팽한 긴장 관계를 이루는 장르이다.

그런데 문제는 이 균형이 깨지는 데서 생긴다. 미적완결구조를 획득하기 위한 구성적 아이디어와 상상력, 실제 경험과 사실을 해석하고 의미하는 작가의 세계관, 문학적 효과를 극대화할 수 있는 언어 표현 등은 수필이 사실의 단순한 기록에 머물지 않고 문학으로서 자질을 확보하는 기본적인 전략이라 할 수 있다. 이러한 적극적인 전략이 부재한 작품 대부분은 '신변잡기'라는 비난을 면하기 어렵다.

우리 주위에 기록적 차원에 한가하게 머물고 있는 미성숙한 수필이 양산되고 있음을 목격한다. 일상 체험의 기록은 수필의 근원적 고향이면서도 넘어야 할 산인 듯하다.

2

김회직의 「바람 소리」를 읽어 본다. 완전한 미적 구조물을 얻기 위한 구성적 아이디어가 돋보이는 작품이다. 이런 점에서 지난 호에 수록된 작품 전체를 통틀어 유일하다고 해도 과언이 아니다.

소설의 기법을 전격적으로 활용하고 있다. 수필 전문지에 수록되었기 때문에 수필로 읽는 것이지, 소설판에 들어 있다면 짧은 소설이나 콩트로 읽어도 무방하다. 수필 혹은 소설이라는 맥락이 전혀 주어지지 않은 상태에서는 소설로 읽을 수밖에 없을 정도로 소설의 특징이 두드러진다. 하지만 이 작품에서 보이는 특징이 소설의 절대적 속성이라고 하기는 어렵다. 다음 발언은 문학 일반에만 해당하는 것이 아니라, 소설이나 수필과 같은 하위 장르에도 적용될 수 있기 때문이다.

우리는 문학을,『베어울프』(Beowulf)에서 버지니아 울프(VirginiaWoolf)에 이르기까지 특정 종류의 글들이 보여 수는 어넌 내재적인 성질 혹은 일단의 성질들이라기보다는 사람들이 글에 '자신을 관련시키는' 어떤 방식들이라고 생각할 수 있다. 다양한 방식으로 '문학'이라고 일컬어졌던 모든 것으로부터 어떤 불변의 내재적 특징들을 떼어 내기는 쉽지 않을 것이다. 실상 그것은 모든 게임들이 공통으로 가지고 있는 단일한 특성을 밝히려는 것만큼이나 불가능한 것이다. 문학의 '본질'이라는 것은 결코 없다.(테리 이글턴,『문학이론입문』, 창작사, 1980, 17쪽.)

문학을 개인마다 제멋대로 규정하는 것도 문제가 크지만, "객관적이고 기술적인 범주"로 보는 것도 오류라는 말이다. 이런 관점은 소설과 수필에서도 마찬가지다. 수필과 소설의 고유 요소가 각각 분명한 경계를 가진 것으로 인식하는 것은 본질에서 그렇기 때문이 아니라, 제도나 문화적 측면에서 관습으로 굳어졌기 때문이다. 소설의 방법을 원용했다고 해서 수필의 고유성이 훼손되는 것도 아니고, 소설적인 특징이 강하다고 해서 그것을 수필이 아니고 소설이라고 우길 필요가 없다는 것이다. 장르의 경계는 늘 넘나듦이 빈번하여 있는 듯 없는 듯 분명하지 않은 법이다.

작품「바람 소리」는 한마을에 사는 '이 노인'과 '최 노인' 두 인물의 대화가 주를 이루는 작품이다. 작품 전체는 처음, 중간, 끝, 세 부분으로 구성되어 있는데, 중간이 두 노인의 대화이고 처음과 끝은 화자의 진술이다. 중간의 대화 부분은 인물 중심 시점이고, 처음과 끝은 삼인칭 서술자 시점이다. 어느 부분이든 화자는 전혀 드러나지 않는다.

이 작품을 수필로 읽는다면, 수필적 자아인 '나'는 완전히 뒤로 물러나고 삼인칭 화자와 등장인물을 내세워 자신의 체험과 상상을 이야기하는 셈이다. 이것은 수필이라는 가정하에서 그렇다는 말이지 이런 가정이 부재하다면 십중팔구 소설로 읽힐 것이다.

작품 서두는 이렇게 시작한다. "들녘을 휩쓸고 지나가는 바람결이 어수선하고 썰렁한 것으로 보아 가을 문턱에 들어서 있음이 느껴진다. 등 따갑던 한나절 햇살이 설핏 기울고, 먼 지평선 서쪽 끝으로부터 차츰 노을이 물들기 시작하면 온몸이 으스스하도록 한기가 스며든다." 배경 묘사다. 주제를 아주 효율적으로 드러낸다. 자식들은 모두 도회지로 떠나고 농촌 고향땅에 남아 쓸쓸하고 외로운 노년의 삶을 보내고 있는 노인들의 처지를 암시한다.

작품 결미는 "지금까지 늘 그래 왔듯이 이번 소문도 동네 한

바퀴 돌고 지나가는 매듭 없는 바람결처럼 어디론가 흔적 없이 사라져 버릴 게 분명했다."로 끝맺는다. 작가의 직접적인 진술을 통해 메시지를 전달하는 수필의 일반적인 방법과는 달리 분위기만 암시할 뿐이다. 서두나 결미가 소설의 전형적인 방법임을 알 수 있다.

문학적 관습이라는 일반적인 측면에서 보면, 이 작품은 수필보다 소설에 가깝다. 그런데 우리는 문학 작품을 읽을 때, 의식하든 그렇지 않든 간에 그 장르의 고유한 문법에 기대어 작품을 감상하고 이해한다. 장르 의식이 어떤 통로든 작동한다는 말이다. 동일한 문학 작품을 두고 두 가지 이상의 다른 장르를 각각 전제하고 그것을 읽는다면 결과는 어떠할까? 전하는 메시지에는 큰 변동이 없다 하더라도 독서 과정에서나 독후에 느끼는 정서적인 반응에는 차이가 날 수 있다. 문학 작품 독서 과정에는 장르 의식이 작동하기 때문이다.

그렇다면, 김회직의 「바람 소리」를 소설로 읽었을 때와 수필로 읽었을 때의 차이는 무엇인가? 소설적인 요소가 우세한 작품을 소설로 읽는 것은 자연스럽겠지만, 이를 수필로 읽을 때에는 다소 당혹스러울 수밖에 없을 것이다. 수필의 관습적이고 일반적인 특징을 찾아보기 어렵기 때문이다. 수필의 입장에서는 전격적인 소설의 기법 차용이 낯설게 다가온다. 이로 말미

암아 독자의 주목을 받았다면 일차적으로 성공이다.

다음으로 독자는 작가가 왜 이러한 방법을 사용했는가, 소설의 방법을 빌려 와서 얻은 것은 무엇인가, 라는 질문을 던질 수 있다. 우선 이를 낯선 실험을 통한 작가의 자기과시욕망으로 보아서는 곤란하다. 미적 구성물의 완성도를 높이기 위한 전략으로 이해할 필요가 있다. 작가, 즉 수필적 자아가 문면에 나타나 진술을 주도하면서 의도적 메시지를 강제하는 수필의 교술적인 측면에 대한 무언의 저항이다. 문학과 예술의 고유한 방법인 구체적 형상화를 실천해 보인 것이다. 수필이 태생적으로 일상의 진실을 기록하는 것이지만, 기록성에 안주하지 않고, 실제의 경험과 사실을 해석하고 미학적으로 완성된 구성물을 만들기 위한 시도이다.

수필의 입장에서는 이러한 시도가 낯설고 충격적일 수 있다. 이것이 우리가 소설 같은 「바람 소리」를 수필로 읽을 때 얻는 문학적 효과이고 차이다. 이 같은 방법이 수필의 고유한 규범을 벗어났다고 해서 수필인가, 아닌가를 따지는 것은 소모적이다. 수필의 장르 경계를 융통성 있게 이해하는 태도가 요구된다.

3

앞에서 수필은 사실의 기록적 측면과 형상화를 통한 허구적인 측면 사이에 놓여 있으며, 기록적인 측면에 편향됨으로써 '신변잡기'라는 비난을 받아 왔다고 했다. 이러한 주장의 표면만을 수용하면 수필은 허구화를 지향하고 소설을 닮아 가야 한다는 말로 들릴 수 있다. 수필의 태생적인 기록성이나 교술성이 문학 구실을 하는 데 방해 요소로 작용할 때도 있으나 이것 자체가 수필의 고유성이며 이것만으로도 충분한 감동을 줄 수 있다는 점을 간과해서는 안 된다. 형식과 방법은 특정 내용을 위해 일방적으로 봉사하는 종속적인 것이 아니라, 그 자체가 존재가치이고 메시지이기 때문이다. 일종의 그릇으로서 수필의 형식은 그것만으로서 고유성을 지닌다는 뜻이다.

① 밥 한 끼 뜨끈허게 채려 줄 여편네가 있나, 용돈 한 번 살갑게 쥐어 줄 자식 놈이 있나, 시상천지 달랑 내 몸땡이 하나뿐인 이 늙은이는 도대체가 뭐냐 이거여 시방, 젊어서 속 못 채린 놈은 일찌감치 죽어지야 마땅허고 또 그리돼야 옳은 이칠 것 같은디.

– 김회직의 「바람 소리」에서

② 노인이 되면 심리적으로 고독이 오고 고독은 괴로움을 수반한다. 노인이 남긴 업적에 소모된 육체의 고통을 제외하더라도 심리적으로 쓸쓸함은 피할 수 없으니 그것은 경제적 상실, 동료의 상실, 배우자의 상실에서 외롭고 쓸쓸합니다.

– 최강렬의 「노인에 대하여」

위의 두 글은 같은 내용의 의미를 다른 방식으로 말한다. 전자가 소설의 방법에 바탕을 두고 구체적인 형상화로 나아갔다면, 후자는 메시지를 작가가 직접 진술하는 교술의 전형적인 형식을 취했다. 둘은 모두 메시지를 전달하는 자기 나름의 고유한 방식을 가졌다는 점에서 비교 대상이 아니다. 하지만 수필의 문학성 확보와 미적 구성물의 완성이라는 점에는 전자가 더 가까이 다가가 있다.

우리 주위에는 '신변잡기'라는 비난 앞에 무력한 수필이 적지 않다. 물론 수필은 일상의 경험, 즉 사실을 기록하고 정리하는 데서 출발하므로 사실 그 자체만으로도 충분이 감동을 줄 때도 잦다. 하지만 우리의 일상은 순간적으로는 감동적이지만, 대부분 분절되어 있고 체계적이지 못하다. 이러한 일상을 문학의 영역 안으로 끌어와 완성된 미적 구성을 이루어 내기 위해서는 작가의 상상력과 구성적 아이디어가 절실하다. 수필은 사실기록에 뿌리를 내리고 있으면서도 언제나 그 끈을 끊고 작가의 상상력 속으로 비상하려는 자기모순을 드러낸다.

이것이 수필의 운명인지 모른다. 운명은 어쩔 수 없는 한계이지만, 그 한계에 도전함으로써 존재의 의미를 확보할 수 있는 것이다. 우리가 「바람 소리」를 수필로 읽어야 할 이유가 바로 여기에 있다.(비평으로 보는 수필)